Anton Rotzetter / Elisabeth Bernet

Latium – Umbrien – Toskana

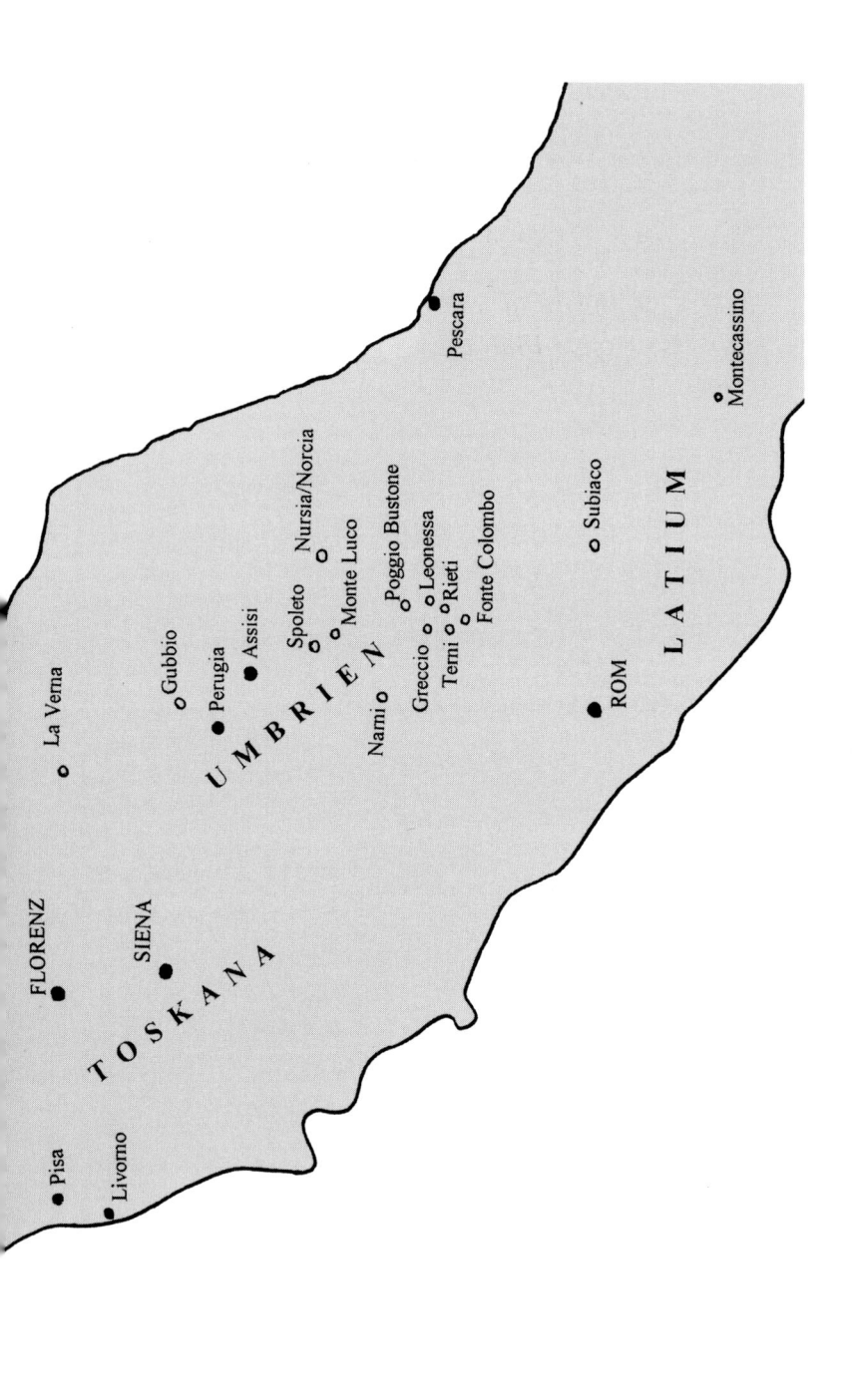

Anton Rotzetter / Elisabeth Bernet

Latium – Umbrien – Toskana

*Wanderungen auf den Spuren
des Franz von Assisi*

Verlag Josef Knecht · Frankfurt am Main

Umschlaggestaltung: Kiesewetter & Partner, Freiburg i. Br.
Umschlagmotiv: Poggio Bustone. Foto Bernhard Auel

Alle Rechte vorbehalten – Printed in Germany
© Verlag Josef Knecht Frankfurt am Main 1998
Satzverarbeitung: DTP-Studio Helmut Quilitz
Herstellung: Freiburger Graphische Betriebe 1998
Gedruckt auf umweltfreundlichem,
chlor- und säurefrei gebleichtem Papier
ISBN 3-7820-0784-0

Inhalt

Vorwort 7

1 Die andere Perspektive 16
  Nichts Schöneres als das Spoletotal

2 Rieti und das Rietital 33
  Die ganze Welt ein Kloster

3 Fonte Colombo 69
  Der franziskanische Sinai: Gesetz und Evangelium

4 Poggio Bustone 100
  Überwindung der Angst und Weite der Welt

5 Greccio 121
  Das franziskanische Betlehem:
  Religion der Menschwerdung

6 La Foresta 177
  Der zerstörte Weinberg, oder: Franziskus
  und die Kirche

7 Narni 193
  Das franziskanische Kana: Leben in Fülle

8 Subiaco 209
  Friede diesem Haus: Franziskus und Benedikt

9 La Verna 227
*Das franziskanische Golgota: Gezeichnet
von den Wunden der Welt*

Quellen und Literatur 250
Bildnachweis 253

Vorwort

Johannes Bernardone ist aller Welt bekannt als Franziskus von Assisi. Er ist so sehr mit dieser Stadt verbunden, daß kaum jemand das Widersprüchliche bemerkt, das einer solchen Zuordnung von Stadt und Person zugrunde liegt.

In Assisi ist Franziskus zwar 1182 geboren; da erlebt er auch seine Jugendzeit; da ist er am 4. Oktober 1226 gestorben, und da wird er jedes Jahr von Millionen von Menschen aus aller Welt verehrt.

Franziskus selbst aber ist mit der Entdeckung des Evangeliums über die Stadt hinausgewachsen. Sein Leben war ganz bewußt und entschieden das eines wandernden Propheten, der – wie sein großes Vorbild, Jesus von Nazaret – nichts haben wollte, um tagein, tagaus seinen Kopf hinzulegen. Er wollte keinen Wohnsitz haben. Er betrachtete die ganze Welt als sein Zuhause. Sein „Kloster" war das Universum. Keine Mauern sollten ihn festhalten, nirgendwo wollte er sich in festen Häusern niederlassen. „Niederlassung", „Wohnung", „Bleibe" – das waren Worte, die er aus seinem Wortschatz gestrichen hatte. Noch 1221, als ihm die Kommune von Assisi ein Haus gebaut hatte, damit er und seine Brüder darin wohnen könnten, warf er eigenhändig die Ziegel vom Dach, und mit dem Brecheisen riß er Stein für Stein vom Gemäuer. Alles sollte, wie er kurz vor dem Sterben in seinem Testament schreibt, darauf hinweisen, daß wir „keine bleibende Stätte" auf Erden haben, sondern nur „Pilger und Fremdlinge" sind.

Das Evangelium hatte ihn auf die Straßen der Welt geschickt. Wie Jesus und seine Apostel wollte er herumziehen, zu den Menschen gehen, um ihnen zu sagen, daß Gott gegenwärtig ist, das alles bestimmende, alles durchdringende, allem innewohnende Geheimnis. Alle Menschen, besonders die Armen, die an den Rand Gedrängten und die Friedlosen, sollten erfahren, daß nur Gott Heimat ist. „Unruhig ist unser Herz, bis es ruht in Dir" – dieses Gebet wollte er sichtbar verkörpern. Frieden und Gerechtigkeit werden – dies glaubte er, und dies wollte er mit seinem Leben signalisieren – auf Erden solange keine erfahrbare Wirklichkeiten sein, wie Gott nicht in allen Herzen, Händen und Füßen, Lippen und Zungen Fleisch geworden ist. „Er war ein unermüdlicher Wanderer, ein Pilger der Liebe, bewegt von einem unermüdlichen und unwiderstehlichen Liebesimpuls" (Pampaloni, 3).

Und so hielt es ihn weder in Assisi noch an einem anderen Ort. „Die Brüder sollen durch die Welt ziehen!", schreibt er verbindlich in seine Regel. Bereits 1209 tauchen er und seine sieben ersten Brüder mit einem Gruß in Poggio Bustone auf, der heute noch alljährlich in einem ergreifenden Ritual sein Echo hat: „Buon giorno, buona gente! – Guten Tag, gute Leute", rief er ihnen zu. Von Poggio Bustone aus gehen sie dann paarweise in alle Himmelsrichtungen, um Gottes Liebe in alle Welt zu tragen.

Die Brüder gehen grundsätzlich barfuß. Reiten und Gefahrenwerden gehören zu den Dingen, welche den Kontakt zur Erde verlieren lassen. Sie verstehen sich als Barfüßer, als Menschen, die demütig sein wollen, das heißt: eingebettet in die Erde! Die Erde ist das Maß, das uns zusteht, und der Horizont, der sich dem Wanderer zeigt, ist die Verheißung, die uns lockt.

Wer barfuß über die Erde geht, denkt und fühlt anders als jemand, der Soldatenstiefel oder Stöckelschuhe anhat oder vom hohen Roß herab oder aus schnell vorbeihuschenden Wagenfenstern schaut. Wer barfuß über die Erde geht, hat einen anderen Blick und andere Gefühle. Er ist sowohl natur-

wie gottverbunden, empfänglich für alles: für den Gruß des Menschen, für das Bellen der Hunde, das Lied der Vögel, das Rauschen des Windes und in allem für die Eingebungen des Geistes. Kontemplation und Barfußgehen verbinden sich zu einer unauflöslichen Ehe. Der dänische Dichter Johannes Jörgensen hat dies in einem eindrücklichen „Lied auf Italien" nachempfunden – in einer Sprache, die, wie könnte es anders sein, mit derjenigen des heiligen Franz zusammengeschmolzen ist.

Erst in den letzten Jahren, als Franziskus nicht mehr gehen konnte, setzte man ihn auf Esel und Pferde. Links und rechts gingen Brüder – barfuß! – und hielten ihn, damit er nicht herunterfiel. Selbst unter solchen Bedingungen hörte Franziskus nicht auf, ein „Pilger des Absoluten" zu sein, ein Mensch, der unterwegs war und einen einzigen bleibenden Bezugspunkt hatte, einen Fluchtpunkt jenseits des Irdischen: Gott.

Franz von Assisi! Welch ein Widerspruch! Wer Franziskus nur in Assisi sucht, wird ihn dort kaum finden können. Stabilität – das gehört zu Benedikt von Nursia, dem großen Begründer und Organisator des monastischen Lebens im Abendland. Zu Franziskus gehört die Mobilität, das „Ziehen durch die Welt".

So ist es denn nicht verwunderlich, wenn viele Orte bis heute Erinnerungen an den großen Bruder der Menschen, wie man Franziskus auch schon genannt hat, wachhalten. Kaum ein Ort Umbriens, der Toskana, Latiums, der sich nicht rühmte, ihn, wenn auch nur für eine Stunde oder eine Nacht, beherbergt zu haben. Aber auch andere Regionen Italiens singen das Lied des Poverello, der in ihren Mauern weilte. Sogar Südfrankreich, der Norden Spaniens (Santiago di Compostela und viele andere Städte und Dörfer), Dubrovnik an der kroatischen Adria, Damiette in Ägypten und das Heilige Land zeigen solche Orte. Wer aufmerksam und sensibel für Zeichen und Spuren ist, steht plötzlich vor Geschichten, die es wert sind, weitererzählt zu werden.

So erblickten die Autoren dieses Buches 1996 unverhofft an einer Wand eines alten Palastes in Tuscania eine Inschrift: „Hier hat Franz von Assisi, der heilige Wundertäter, den Sohn dieses Hauses geheilt. Die dankbare Stadt im Jahre 1926" – eine Geschichte, die man in der ältesten Lebensbeschreibung (1228) des heiligen Franz nachlesen kann: „Als der Heilige Gottes Franziskus einmal entlegene und verschiedene Gegenden durchwanderte, um das Reich Gottes zu verkünden, kam er in eine Stadt namens Toscanella (heute: Tuscania). Als er dort in gewohnter Weise den Samen des Lebens ausstreute, nahm ihn ein Ritter derselben Stadt gastlich auf, dessen einziger Sohn gelähmt und am ganzen Körper kraftlos war. Dieser hatte, wenn er auch dem Alter nach ein kleiner Knabe war, die Jahre der Entwöhnung doch schon überschritten. Aber er lag bis jetzt immer noch in der Wiege. Als nun der Vater des Knaben die große Heiligkeit des Gottesmannes sah, warf er sich ihm demütig zu Füßen und bat ihn um die Heilung seines Sohnes. Franziskus aber hielt sich einer solchen Macht und Gnade für ganz und gar unwert und weigerte sich lange, dies zu tun. Schließlich ließ er sich durch das beharrliche Bitten jenes Mannes erweichen und, nachdem er ein Gebet gesprochen, legte er dem Knaben die Hand auf, gab ihm den Segen und richtete ihn auf. Im Namen unseres Herrn Jesus Christus erhob sich dieser sogleich heil vor den Augen und unter dem Jubel aller und fing an, überall im Hause herumzulaufen" (1 Cel, 64).

Ein paar Tage später waren wir in *Pescia in der Toskana,* dem Ort, an dem der älteste Bilderzyklus über Franziskus (1235) zu bewundern ist. Da fiel unser Blick auf eine Tafel, worauf geschrieben steht: „In diesem 1910 völlig restaurierten Haus der Orlandi war Franz von Assisi 1211 drei Tage lang zu Gast." Zuhause suchten wir dann in den Quellen nach der

Geschichte, die dahinterstehen könnte, haben aber nichts gefunden. Möglich ist auch, daß es sich um eine örtliche Tradition handelt.

So bewahren viele Orte das Andenken des Mannes ohne festen Wohnsitz. Bald war er da, bald dort. Die Litanei der Orte, wo er vorüberkam und für ein paar Tage zur Erholung weilte, wäre endlos. Sogar die meisten Eremitorien, also Orte, wo er für längere Zeit Einkehr hielt, sind in Vergessenheit geraten, von anderen sind noch Spuren erhalten. So etwa in Visso (San Francesco), in Norcia (San Pellegrino), in Cascia (San Francesco), das Aussätzigenheim zwischen Preci und Triponzo (San Lazzaro), in Cerretto di Spoleto (Santa Maria von Konstantinopel), in Vallo di Nera (San Francesco), in Monteleone, in Leonessa, in Montefranco (San Bernardino), in Terni (San Francesco, Santa Maria delle Grazie), auf dem Berg von Cesi, in San Gemini (San Francesco), in Amelia (San Francesco), in Giove (Santa Maria), in Lugnano (San Francesco), in Narni (San Francesco), in Cagli (San Francesco), in Stroncone (San Simeone) und in Piediluco (San Francesco). Das sind alles Orte, die sich um einen relativ kleinen geographischen Raum ansiedeln, dessen Mittelpunkt das Rietital ist. Sie fordern geradezu heraus, auf Entdeckungsreise zu gehen.

Dieses Buch möchte Franziskus auf seinen Wanderungen folgen. Einige der wichtigsten Orte, an denen er vorübergehend weilte, sollen vorgestellt werden, zusammen mit den Erfahrungen, die Franziskus da gemacht hat. Vielleicht entdecken wir dabei auch etwas von unserer eigenen Tiefe. Vielleicht kommt sogar noch etwas Grundsätzlicheres zu Tage: eine Art „Itinerarium", eine geistliche Wegbeschreibung, die über Franziskus hinausgeht und grundsätzlichen, also allgemein menschlichen Charakter hat. Dann könnten wir uns wiederfinden, wenn wir diesen Weg im Geiste mitgehen. Dann wird unsere Seele zur Lerche, die sich aus dem Staub zum Himmel erhebt und das Lied der Lieder singt – wie Franz von Assisi und in seinem Geiste Johannes Jörgensen.

Der Kern des Buches geht auf Wanderwochen zurück, welche wir 1994, 1996 und 1997 mit jeweils ungefähr 50 Frauen und Männern aus den deutschsprachigen Ländern durchgeführt haben. Einige unserer Texte sind denn auch in diesem Zusammenhang entstanden und in der Zeitschrift „Unterwegs mit Franziskus" veröffentlicht worden. Spoleto und La Verna gehörten zwar nicht zum Programm, als Ergänzung jedoch nehmen sie in diesem Buch einen sinnvollen Platz ein. – Neben Bildern von Elisabeth Bernet benutzen wir zur Illustration Fotos von Dekan Bernhard Auel, Euskirchen, einem Gefährten auf den Wegen im Rietital. Ihm sei dafür ein herzlicher Dank gesagt.

Altdorf und Zetzwil, Herbst 1997   *Anton Rotzetter*
                                                           Elisabeth Bernet

Lied auf Italien

Eine einsame Straße auf römischem Lande,
eine breite Straße,
weiß und verlassen in grüner und gewellter Landschaft:
Hinter mir die Februarsonne, die untergeht
am Ende eines lauen Tages;
vor mir mein Schatten
– und dort oben,
im blauen und leichten Nebel des Himmels,
das ewige Lied der Lerchen.

Ich halte ein
und höre:
– ein Geräusch von Rädern verliert sich in der Ferne,
weitweg:
menschliche Stimmen, die vergehen;
am Rand einer Lache inmitten der Felder
quakt ein Frosch;
– und dort oben,
im blauen und leichten Nebel des Himmels,
das ewige Lied der Lerchen.

Gelobt seist Du, mein Herr,
für Schwester Lerche.
Denn sie hat ein Singen, das immerzu fließt
wie ein Wasser, das nie stille steht;
Ader der Lieder,
Quelle der Seligkeit
und Strahl des Lobes.

Und gelobt seist Du, mein Herr,
für die weiße Straße,
die weiße Straße, breit und verlassen,

die mich immer weiterführt
– bis zu den weißen Dörfern
auf den fernen Bergen, die in der Sonne glänzen
wie die Häufchen von Muscheln am Strande des Meeres.

Gelobt seist Du, mein Herr,
für die Städte Italiens,
für die hundert Städte Italiens,
für Rom und Florenz,
für Pistoja und für Lucca,
für Genua und Rapallo,
für Assisi und Perugia
und für jedes verlorene Felsendörfchen
in den umbrischen Bergen.

Gelobt seist Du, mein Herr, für Orvieto und für Siena
– das Siena der Heiligen,
das Siena der heiligen Katharina,
für Viterbo und Pisa, Foligno und Cortona,
Civitella, Ripa, Bettona,
Montefalco der heiligen Klara.

Gelobt seist Du, mein Herr,
für alle Gegenden Italiens.
Sie erheben zu Dir ein unaufhörliches Loblied:
Lob aus Steinen,
Lob aus Marmor,
Lob aus Farben, deren Hintergrund das Gold ist.

Gelobt seist Du, mein Herr,
für die Fresken von Giotto,
für die Zellen des heiligen Markus,
für die Kirche des heiligen Miniato,
die glänzt auf den Hügeln von Florenz,
für Santa Maria Novella, Santa Croce, Santa Maria del Fiore.

Gelobt seist Du, mein Herr,
für den Domplatz von Perugia,
welch festlicher Morgen,
wenn beim Plätschern des Brunnens
die Bauern, die zur Messe gehen,
scharenweise die Treppe emporsteigen,
bekleidet von lebendigen Farben;
und für das kleine Café in Florenz,
von wo aus ich an einem frischen Oktobermorgen
einen Blick tat durch das offene Fenster
auf den weißen und schwarzen Marmor des Baptisteriums.

Gelobt seist du, mein Herr,
für das ganze Land Italien,
für das Wenige, das ich kenne,
für das Viele, das ich zu kennen begehre.

Wie die Lerche am blauen Himmel
steigt auch meine Seele
immer mehr
und immer höher,
getragen von der Erinnerung,
angestachelt durch die Hoffnung.

Gelobt seist Du, mein Herr,
für Schwester Lerche
und für meine Seele.
Auch sie steigt hinauf
zum Himmel.

Von Johannes Jörgensen
Aus dem Italienischen übersetzt von Anton Rotzetter

1
Die andere Perspektive
Nichts Schöneres als das Spoletotal

Karriere?

Was gilt eigentlich im Leben? Was sind unsere Ziele? Wie hat unser Leben auszusehen? Was hat Bestand? Diese Frage bewegte auch Johannes Bernardone, von seinem Vater „Franziskus" genannt. Seine erste Antwort war: männliche Tatkraft, Waffentragen, Rittertum, Heldentaten, Durchsetzungsvermögen, Macht, Ansehen, Ruhm, Karriere.

Mit solchen Zielsetzungen macht er sich 1205 auf den

Spoleto: Festung

Weg. Mit Roß und Rüstung, gepanzert und ohne Kontakt zur Erde, abgeschirmt und abgehoben von der Wirklichkeit des Lebens. Er will dem berühmten Haudegen Walter von Brienne nacheifern, der im Dienste des Papstes die Schlachten schlägt. Irgendwo in Süditalien wird er sich ihm anschließen können.

Franziskus kommt nicht sehr weit. Genau genommen nur bis *Spoleto,* etwa 30 km von Assisi entfernt. Da steht die herrliche Burg, der Sitz des gleichnamigen Herzogtums, zu dem auch Assisi gehört. Schon von weitem erblickt man sie, wenn man – etwa um ins Rietital zu gelangen – nach Süden fährt, geleitet von den gleichen drängenden Fragen. Die heutige *Rocca* ist zwar ein Bauwerk aus späterer Zeit: Kardinal Albornoz ließ sie für den Papst bauen, der damals in Avignon im Exil lebte (1349–1370). Aber an Herrlichkeit muß die Vorgängerburg der heutigen nicht viel nachgestanden haben. Über 100 Türme sollen die Stadt unter Kaiser Barbarossa, der hier seinen Stellvertreter residieren ließ, befestigt haben.

Jetzt, da Franziskus mit seinen Ritterträumen zur Übernachtung und wohl zur Rekrutierung in Spoleto weilt, ist die Stadt päpstlich. Die Herrlichkeit der Stadt gaukelt ihm vor, was er selbst erhofft und erstrebt. Auch in der Nacht träumt er davon. *Giottos Bild in der Oberkirche San Francesco zu Assisi erzählt es: ein herrlicher Palast,* Stockwerke noch und noch, Portale, weite Fenster, Terrassen, Bögen, Ausschmükkungen, Verzierungen, Schnörkel, Überflüssiges, Luxus…: Herrlichkeit von Herrlichkeit, Macht und Ehre – und Rüstungen, Schilde, Waffen… Und alles mit dem Zeichen des Kreuzes bezeichnet. Kaiser Konstantin lebt wieder auf: „In diesem Zeichen wirst du siegen!" – eine Kirche, die mit Macht und Prunk beeindruckt, ein Glaube, der Kampf und Sieg sucht, ein Christentum, das über Leichen geht, um sich selbst zu behaupten. – Und so soll Franziskus, so sollen Christen Ansehen und Ruhm ernten?

Umkehr

Doch, was sagt Jesus Christus dazu? Auch dies stellt *Giotto* dar: *Mit der rechten Hand berührt er den schlafenden Franziskus.* Sanft, aber gewiß sehr entschieden, weckt er ihn auf aus seinen Träumen und zeigt ihm eine andere Welt: Mit der linken weist er auf die erhoffte irdische Herrlichkeit, um zu sagen, daß das alles nichts sei. Warum irdischer Macht eine solche Bedeutung geben? Warum Machthabern nachrennen? Warum das Spiel der Macht mitspielen? Warum Geld und Geltung über alles stellen? Warum sich hin- und herschieben lassen von anderen, die auch nur Hin- und Hergeschobene sind? Warum nicht aussteigen aus dem Spiel der Mächtigen? Warum nicht Sand sein im Getriebe? Warum nicht die Karriere nach unten wagen? Warum sich nicht von allem befreien, was bindet und knechtet? Und dem folgen, der in der Ohnmacht mächtig, im Leiden die Liebe, in der Armut der Reiche, im Tod das Leben ist? Warum nicht ihm, Jesus Christus, folgen, der nichts hatte, worauf er sein Haupt legen konnte?

Alles ist relativ. Alles, was ist, muß bezogen werden auf das, was unsichtbar ist: auf Gott, der in allem wohnt; auf Jesus Christus, der uns andere Wege weist.

Anderntags verschenkt Franziskus Roß und Rüstung. Er läßt seine Träume nach Geld und Geltung fahren. Er weiß zwar noch nicht, was das konkret bedeutet. Er muß noch eine ganze Weile warten, muß wiederholt kauen und durchbeten, was er in Tat und Wahrheit zu tun hat. Er muß erst noch durch die Schule der Verachtung, des Ausgelacht- und Verachtetwerdens. Eben hat er ein Vermögen ausgegeben für Roß und Rüstung – und jetzt irrt er wie geistesabwesend durch die Gassen der Stadt Assisi. Doch Christus, der alles relativiert, wird ihm den Weg weisen.

Um sich heute von dieser Perspektive berühren zu lassen, mag man sich in das Gebet hineinsenken, das Franziskus nach seiner Rückkehr von Spoleto immer wieder gebetet hat. „Ruminieren" nannte man früher dieses Wiederkäuen des immer Gleichen, dieses kostende „Essen" von Worten, Satzteilen, Sätzen, Texten.

Gebet in der Stunde der Bekehrung

Höchster, herrlicher Gott,
erleuchte die dunkle Nacht in meinem Herzen,
gib mir echten Glauben, sichere Hoffnung,
   vollkommene Liebe,
Sinn und Erkenntnis!
Beweg mich, Herr,
daß ich deinen heiligen und wahren Auftrag tue.

Franz von Assisi

Monte Luco

Franziskus kehrt später, nachdem er den Aussätzigen geküßt und das Evangelium entdeckt hat, immer wieder nach Spoleto zurück. Aber dann ganz anders: nicht mehr auf hohem Roß, nicht mehr mit Stiefeln und Sporen, sondern barfuß. Und er wohnt nicht mehr in Palästen, sondern in der freien Natur.

Vor allem sucht er die Stille des *Berges Monte Luco*. Da findet man mit großen Lettern einen Ausspruch des heiligen Franz festgehalten, der auf eindrückliche Weise seine neue Lebensperspektive widerspiegelt: „Nichts ist schöner als mein Spoletotal!" In dem Moment, da alles relativ wird, da alles bezogen ist auf das Geheimnis Gottes, beginnt das Universum zu strahlen. Die Herrlichkeit und Schönheit Gottes legt sich auf alles, leuchtet aus allem heraus. Die Vergötzung oder die unerbittliche Ausnutzung des Irdischen führt letztlich zu dessen Zerstörung: Alles wird gebraucht und verbraucht, alles verdunkelt sich, verdirbt, geht durch Menschenhand zugrunde.

Es ist eigenartig, daß dieser Spruch des Franziskus ausgerechnet da oben steht. Denn der Monte Luco ist von alters her ein heiliger Ort. Dieser bewaldete Berg fügt sich ein in die Reihe der Heiligen Berge: Sinai, Horeb, Sion, Tabor…, auf denen Gott seine Herrlichkeit zeigt, seinen Bund schließt, seinen Willen kundtut, wohnt. Schon in der Zeit, die wir „heidnisch" nennen, war der Monte Luco ein Kultort. „Lucus" läßt sich mit „heiliger Wald" übersetzen. In diesen Wald zog sich Franziskus zurück, um dem Geheimnis nahe zu sein, das so lichtvoll und herrlich aus jedem Stein und jedem Baum strahlt.

1876 fand man in der Nähe von *San Quirico bei Spoleto* einen Stein, der jetzt wieder an seinem ursprünglichen Ort steht, mitten im heiligen Wald, der auch heute noch etwas von der Gegenwart Gottes erzählt: Auf diesem Stein steht in einem umbrischen Latein aus der Mitte des dritten, vorchristlichen Jahrhunderts ein Gesetz, das unsere volle Beachtung verdient: Zeus, Gott ist der Besitzer dieses Waldes. Da gilt nur eines: alles ehrfürchtig stehen lassen, wie es ist! In keiner Weise eingreifen, nichts verzwecken, nichts egoistisch nur auf sich beziehen. Einzig und allein Gott anerkennen.

WALDSCHUTZGESETZ

Es ist verboten:
- in diesen Wald einzugreifen
- etwas hin- und herzuschleppen
- oder wegzutragen, was zu diesem Wald gehört,
- Holz zu schlagen, außer am Tag des jährlichen Opfers: nur an diesem Tag, im Zusammenhang mit der Opferhandlung ist es gestattet, Holz zu schlagen.

Der Zuwiderhandelnde wird bestraft:
- Er muß dem Zeus einen Ochsen als Sühnopfer darbringen.
- Wer das Verbot bewußt und mit böser Absicht übertritt, muß dem Zeus einen Ochsen als Sühne darbringen und 300 Assi Geldstrafe bezahlen.
- Der Richter ist ermächtigt, die Geldstrafe und das Sühnopfer einzufordern.

Spoletanisches Waldschutzgesetz aus dem dritten, vorchristlichen Jahrhundert

Der Wald ist ein Ort, an dem Gott sein Gesicht zeigt wie kaum an anderen Orten. Bereits in vorchristlicher Zeit ist das so, wie das Spoletanische Waldschutzgesetz zeigt. Darum knüpften die Christen im Westen die Erfahrungen, welche im Osten mit der Wüste verbunden waren, an den Wald. Dahin zogen sich Einsiedler zurück, hier wurden Klöster gebaut. In einem Brief (Nr. 106) fordert Bernhard von Clairvaux Professor Heinrich Murdach auf, das Klosterleben zu wählen, und begründet das mit dem Satz: „Viel mehr findest du in den Wäldern als in den Büchern. Holz und Stein lehren dich Dinge, die du von Professoren nie hören kannst". Erst kürzlich hat Valerio Merlo, ein Soziologe, ein wissenschaftliches Buch geschrieben, in dem er die religiöse Bedeutung des Waldes herausstreicht. Gleichzeitig wird deutlich, wie sehr Gottessuche und Bewahrung der Schöpfung innerlich zusammengehören.

So ist es verständlich, daß Franziskus im Heiligen Wald von Spoleto das Gespür entdeckt für die wunderbare Schöpfung Gottes. Hier auf dem Monte Luco bekommt alles Bedeutung, Eigenständigkeit, Schönheit, sobald Gott als alles bestimmende Perspektive anerkannt und geehrt wird: Gottes Geheimnis ist der Bezugspunkt, auf den alles Innerweltliche „hinflieht".

Welche Entdeckung ist doch die Perspektive für den Maler! Franziskus wird zum Lebenskünstler durch die Entdeckung der göttlichen Perspektive. – Alles ist relativ. Gott allein ist absolut. ER ist die wahrhaft menschliche Perspektive, der Bezugspunkt jenseits des Sichtbaren. „Alles Sichtbare ist ein in einen Geheimniszustand verborgenes Unsichtbares" (Novalis).

Auch für die Christen war dieser Berg durch die Jahrhunderte hindurch heilig. Ein kleiner Athos entstand: Syrische Mönche ließen sich hier bereits im 5. Jahrhundert nieder, die nebenbei auch die Ikonenmalerei pflegten; Benediktiner, welche Franziskus das Kirchlein der heiligen Katharina überließen; eine ganze Eremitenkongregation, die dem Bischof von Spoleto unterstand; die Franziskaner, um sich hier ein paar Flechtwerkzellen zu erbauen, die innerhalb des heutigen Klosters zusammen mit einigen Kapellen zu sehen sind; vor allem die „Fratizellen" und „Clarener", eine sehr strenge Richtung der Franziskaner, welche das Gedankengut des Abtes Joachim von Fiore übernahmen (vgl.: *6 La Foresta*); auf jeden Fall solche, welche die mystische Erfahrung als unbedingte Voraussetzung für die missionarische Dynamik begriffen, so auch Pater Leopold von Gaiche, der Ende des 18. Jahrhunderts eine Bewegung auslöste, in der Kontemplation und Aktion miteinander verschmolzen.

Möglicherweise war der Monte Luco für Franziskus auch

Station auf dem Weg nach Rieti. Am 26. März 1831 floh der damalige Bischof von Spoleto und spätere Papst Pius IX. auf den Monte Luco. Da ließ er sich von einem Franziskaner nach Leonessa begleiten, von wo aus ein direkter Weg nach Rivotutri ins Rietital führt (vgl.: *2 Rieti und das Rietital*). Es ist nicht unwahrscheinlich, daß auch Franziskus jeweils diesen Weg über die Höhen nahm und dabei genügend Anlaß fand, die Herrlichkeit und Schönheit Gottes in der Schöpfung zu betrachten.

Der Dom von Spoleto

Herrlichkeit geht auch ein in das Werk des Menschen, wenn Gott die Perspektive ist. Wie herrlich ist doch die Fassade von San Pietro, der ältesten Kirche im Spoletotal! Sie steht unten an der Abzweigung, die von der großen Straße hinaufführt zum Monte Luco.

Da wird auf der einen Seite – in Stein gehauen – die Geschichte des Petrus erzählt: wie er zusammen mit seinem Bruder Andreas vom Fischerboot weggeholt wird, um nun Menschen aus den Abgründen des Bösen zu befreien; wie Christus dem Petrus die Füße wäscht, um zu zeigen, daß Gott in seiner Größe den Menschen nicht erdrückt, sondern daß er von unten kommt und unser Wohlsein gleichsam bis in die Zehenspitzen hinein sucht.

Auf der anderen Seite sieht man das mögliche Schicksal des Menschen: Mit Humor wird gezeigt, wie der Mensch, der sich Christus zuwendet, von einem Engel in den Himmel geleitet wird; da nützt es nichts, wenn der Teufel sich verärgert an die Waagschale hängt. Ein Sünder aber wird kopfüber in den Kochtopf gestoßen.

Eine ganze Reihe anderer Geschichten wird ebenso

humorvoll erzählt: der Soldat, der, eben weil er Soldat ist, keine Chance hat, am göttlichen Leben Anteil zu haben, im Gegensatz zum Ringer, der sich dem Gegner nackt stellt. „Nackt mit dem Nackten ringen"; „nackt dem Nackten folgen" – das waren Motive, die auch in der Lebensgeschichte des heiligen Franz eine Rolle spielen. Da wird ein einfacher Holzfäller dargestellt, der mit einer List den Teufel in die Holzspalte klemmt; doch bleibt dieser ein gefährlicher Kerl, auch wenn er sich als Kleriker verkleidet…

Ein Halt und Schauen lohnt sich auf jeden Fall, um diese herrlichen Steinbilder zu bestaunen.

Spoleto: Dom

Am besten geht man dann weiter über den Aquädukt, der seit Jahrhunderten den Monte Luco mit der Stadt verbindet und von dem aus man die Schönheit des Spoletotales genießen kann. Wenn man eine Weile den Weg weitergeht, zeigt sich zur rechten Hand unverhofft eine Sicht auf den Dom und den davorliegenden Platz. Wenn die Spätnachmittags- oder die Abendsonne auf die Rosetten und Mosaiken scheint, dann glänzt und strahlt uns vollkommene Schönheit entgegen.

Und dann dieser Platz! Eine vollkommenere Bühne gibt es kaum. Jedes Jahr finden hier Sommerspiele statt: Große Opern und Bühnenwerke der Welt werden aufgeführt. Der Platz lädt geradezu ein, meditative Tänze oder Volkstänze zu vollführen, um die Tiefe des Selbst und die Beschwingtheit des Lebens zu erfahren.

Im 15. Jahrhundert predigte der große Franziskaner Bernardino von Siena Tausenden von Menschen, die sich auf diesem Platz einfanden – und bereitwillig ließen sie nachher Geld und Schmuck zurück, um sich zu lösen von der Welt des Habens und hinzufinden zum Sein, zum Leben. Bernardino konzentrierte seine franziskanische Botschaft in ein einziges Wort: „Jesus". Daher finden wir ihn auf den Bildwerken zusammen mit den Buchstaben „JHS", die den Namen vergegenwärtigen, den er verkündigt. Und seine Zuhörer dachten, Franz von Assisi sei wieder leibhaft erschienen, – so war Bernardino den Künstlern das Modell schlechthin, wenn sie Franziskus darstellen wollten. Von Bernardino, der dreimal bischöfliche Würden ablehnte, weil er nichts anderes als Bettler und Prediger sein wollte, ging eine Erneuerungsbewegung innerhalb des Franziskanerordens aus.

Auch das Innere des Domes hat Bedeutung für das franziskanische Gedächtnis. Hier fand 1232 die Heiligsprechung des Antonius von Padua statt, der ein Jahr zuvor verstorben war. Wie Bernardino versammelte er jeweils bis 30 000 Hörer um sich. Auch er hatte nichts anderes im Sinn als das Evangelium. Nach seinem Tod wurden die Abgründe der menschlichen Seele aufgerissen, Brunst und Inbrunst, wie die Heiligsprechungslegende sagt, jene Tiefen, aus denen die „Wunder" aufsteigen: Heilungen, Versöhnungen, Totenerweckungen... Bis zum Tag seiner Heiligsprechung sind es 53; alle wurden hier im Dom von Spoleto der Reihe nach vorgelesen und als Beweis für die Herrlichkeit Gottes gefeiert.

Was ist ein Wunder? Hat es nicht auch eine alltägliche Gestalt? Ist nicht auch der Boden dieses Domes ein Wunder? Die Steinmosaiken, Zeichnungen, Farben, Formen? Und ist nicht Filippo Lippis († 1469) Marienleben vorn an der Apsis der Kirche ein Wunder, das mehr noch die inneren Augen als die äußeren entzückt? Der Regenbogen des Himmels wölbt sich als Verheißung über die ganze Menschheit, die in Maria letztlich verkörpert ist. Denn was an ihr dargestellt wird, soll an allen geschehen. Maria wird gekrönt, aber auch, wie es Franziskus in einem Lied an die Schwestern der heiligen Klara besingt, alle, welche die Armut gewählt und sich selbstlos in den Dienst der Menschen gestellt haben. Ebenso wird Gott – so Franziskus in seinem Sonnengesang – jene krönen, welche im Leiden geduldig sind und Verzeihung und Frieden suchen. Etwas von dieser Verheißung leuchtet jetzt schon auf – in unserem Leben. Das ist Wunder.

Eindrücklich erscheint auch die alte Marienikone in der rechten Seitenkapelle. Kaiser Barbarossa soll sie 1185 der Stadt geschenkt haben. Allerdings ist der Dialog zwischen Maria und ihrem Sohn, den man abgedruckt auf einem Bildchen lesen kann, theologisch fragwürdig. Maria bestürmt unablässig den zürnenden Jesus, den Menschen doch barmherzig zu begegnen und sie nicht einem strengen Gericht zu unterziehen. Für den, der sich an Franziskus orientiert, mutet solches unverständlich, ja unmöglich an: Jesus ist die Verkörperung der Liebe Gottes, nicht seines Zornes. Er ist „Gnade über Gnade" (Joh 1, 16) und muß weder durch Maria noch durch irgend jemanden sonst besänftigt werden.

Von franziskanischem Gesichtspunkt aus sind noch zwei

„Gegenstände" von Bedeutung: einmal das Tafelkreuz von Albertus Sotio, das 1187, also kurze Zeit vor dem Kreuz von San Damiano entstand. Seit ein paar Jahren kann man es, neu restauriert und gut geschützt hinter Glas, bewundern. Es hat noch nicht die vielen Beifiguren wie jenes Kreuz, vor dem Franziskus in San Damiano bei Assisi gebetet hat. Jesus hat offene Augen wie in San Damiano. Das muß offenbar eine revolutionäre Erfahrung des gläubigen Menschen um diese Zeit gewesen sein. Denn, so sagt eine Legende, 1172 zerstörte Viterbo die Nachbarstadt Ferento – allein deswegen, wie man behauptete, weil die Ferenter Christus mit offenen Augen darstellten. Ketzer seien sie daher und des Todes würdig. Christus sei doch gestorben, müsse also geschlossene Augen haben. Kein Wunder, daß von einem solch düsteren Glauben Tod und Zerstörung ausgeht. Um mit Paulus zu sprechen: Nur wenn Christus lebt, sieht und spricht – wie zu Franziskus –, bricht das Leben auf.

Der Brief an Bruder Leo

Für das franziskanische Gedächtnis von großer Bedeutung ist der Brief an Bruder Leo. Er befindet sich heute in der wundervoll restaurierten Reliquienkapelle, in der noch andere Gegenstände zu betrachten sind, vor allem die Schrankintarsien und die Tafel- und Deckengemälde aus dem 16. Jahrhundert. Lange Zeit waren diese Kunstdenkmäler unbeachtet, die Kapelle selbst eine Abstellkammer. Erst die Restaurationsarbeiten am Sotio-Kreuz, die in dieser Kapelle vorgenommen wurden und dann Aufräum- und Putzarbeiten notwendig machten, brachten vor ein paar Jahren überraschenderweise all diese Herrlichkeit zu Tage.

Auch der Brief an Bruder Leo, dem wir uns zuwenden

wollen, hat eine abenteuerliche Geschichte. Im Jahre 1604 wurde er in der Sakristei der Franziskuskirche in Assisi entdeckt und – nach einer wissenschaftlichen Expertise – als echt erkannt. Als Beweis gilt das andere handschriftlich überlieferte Schriftstück des heiligen Franz, das in Assisi – auch dort in der Reliquienkapelle – öffentlich zugänglich ist: das Zeichen, das Franziskus dem Bruder Leo gab, nachdem er 1224 auf La Verna die Wundmale bekam (vgl.: *9 La Verna*). Bereits vor 1625 muß der Brief an Bruder Leo aus irgendwelchen Gründen in die Franziskanerkirche zu Spoleto gebracht worden sein. Denn der große Franziskaner-Historiker Lukas Wadding sagt in demselben Jahr, daß er ihn dort mit eigenen Augen gesehen habe. Dann versank der Brief wieder in einem drei Jahrhunderte langen Vergessen.

1893 wurde er wiederentdeckt: Ein Pfarrer zeigte ihn dem berühmten Historiker Michele Faloci Pulignani, der ihn Papst Leo XIII. (1878–1903) schenkte. Doch dieser – erstaunliche Tatsache – verlegte ihn. 1902 fand man das kostbare Dokument zwischen päpstlichen Briefen und gab es der Stadt Spoleto zurück, näherhin dem Domkapitel, wo es dann im bischöflichen Archiv deponiert wurde.

Der Brief ist nicht sehr groß: 6 cm breit und 13 cm hoch, ganze 19 kurze Zeilen lang. Franziskus schreibt, wie man feststellen kann, ein mühsames, fehlerhaftes Latein: Die Grammatik stimmt hinten und vorne nicht, der Stil ist holprig. Franziskus selbst korrigiert viermal (in unserer Wiedergabe: = *Ausrufezeichen*), einmal streicht er etwas durch (= *Klammer*), einmal fügt er etwas hinzu (= *unterstrichen*). Der Brief ist, wie ein näherer Blick zeigt, in zwei Etappen entstanden (zuerst Zeilen 1–15 und dann 16–19): Tinten und Federn unterscheiden sich klar. Offenbar läßt Franziskus den Brief zunächst liegen, fühlt sich dann aber ein paar Tage später dazu gedrängt, dem ursprünglichen Brief noch etwas hinzuzufügen.

Franziskus: Brief an Bruder Leo

Der Inhalt des Briefes ist umso bedeutender. Die spanischen Herausgeber haben von einem „Demokratiebrief" gesprochen. Tatsächlich durchweht ihn der große Atem der Freiheit: „Wie immer es Dir besser erscheint, das tue! Was Du in Dir selbst als Antrieb, Impuls, Regung, Perspektive – was immer! – entdeckst, das ist der Wille Gottes! Nicht das, was ich, Franziskus, oder ein anderer für Dich erkennt, ist maßgebend, Du allein bist für Dein Leben verantwortlich. Und das soll dann auch das sein, was Du in unserer Gemeinschaft leben darfst."

Gehorsam und Freiheit werden identisch, wo man so denkt. Pluralismus ist kein Problem, wenn man wie Franziskus der Auffassung ist, daß alles in der Einheit der Liebe und in der Gegenwart Gottes Platz hat. Wer an Gott glaubt und die göttliche Perspektive zu seinem Lebensinhalt macht, wird tolerant und großzügig. Er wird in die Freiheit führen und Freiheit ermöglichen. Ein Dokument gegen jede Form des Fundamentalismus.

Darüber hinaus zeugt der Brief von einer großen Beziehungsqualität: Franziskus versteht sich als Bruder, mehr noch als Mutter, die nichts anderes im Sinn hat als das Wohlsein des Kindes. Die Mutter ist für das Gespräch verfügbar: gestern, heute und auch morgen. Da gibt es nichts, was dem Gespräch Grenzen setzt; da gibt es nur ein offenes Herz und eine offene Tür, selbst dann, wenn man – wie im Leben des Franziskus – die Funktion eines Obern auszuüben hat. Der isolierte, autoritäre, absolute Befehl, die einsame Entscheidung, die kalte, unbarmherzige Anordnung werden einfachhin unmöglich, wo man sich selbst als Bruder und Mutter versteht und sein Amt nicht als Alibi, mehr zu sein und zu wissen als andere.

Noch etwas will bedacht sein: Franziskus faßt schriftlich zusammen, was er vorher „unterwegs" besprochen hat. Wir begegnen hier dem Pilgergedanken, der Franziskus so wichtig und not-wendig war – und darum auch dieses Buch durchzieht. „Zu zweit" sind die Brüder unterwegs, gehen den gleichen Weg, oft hintereinander, jeder mit sich und seiner Umwelt eins, in der Stille kontemplativ versunken, oft aber auch nebeneinander, mit dem andern im Gespräch, hinhörend, sensibel, um das Wohl des anderen bedacht. Zweifel werden wach, Grenzen deutlich, Abgründe tun sich auf; da braucht es mütterliches Mitfühlen, kindliches Vertrauen, geschwisterliche Solidarität. Bald ist – ob im Amt oder ohne – der eine dem anderen Mutter, bald jener, heute dieser wie ein Kind, morgen jener und immer auch geschwisterlich verbunden.

BRIEF AN BRUDER LEO

1 *Br. Leo, von deinem Bruder Franziskus Frie-*
2 *den und Heil. So sage ich dir,*
3 *mein Sohn, wie eine Mutter. Denn*
4 *alle Worte, die wir gesprochen (!) haben*
5 *unterwegs, fasse ich kurz in dieses (!) Wort*
6 *und rate dir (!) so,*
7 *und du brauchst (nachher) nicht,*
8 *um Rat zu holen, zu mir zu kommen.*
9 *Denn ich rate dir so: auf welche*
10 *Weise auch immer es <u>dir</u> besser er-*
11 *scheint, dem Herrn*
12 *Gott zu gefallen und seinen Fußspuren und seiner Ar-*
13 *mut zu folgen, tut es*
14 *mit dem Segen des Herrn*
15 *Gottes und im Gehorsam gegenüber mir.*
16 *Und wenn es notwendig ist*
17 *für deine Seele wegen eines anderen*
18 *Trostes und wenn du willst,*
19 *zu mir (!) zurückzukommen – komm!*

Franz von Assisi an Bruder Leo

In diesem Brief wird deutlich, worum es bei Franziskus geht: die Spuren Jesu erspüren, seinen Weg gehen, barfuß, ohne etwas, in völliger Armut, ohne Ballast. Dazu hat er sich entschieden, nachdem ihn der Traum in Spoleto von seinen ganz anders gearteten Vorstellungen abgebracht hatte. Nun erkennt er die Gestalt Jesu, seine Schönheit, die ausstrahlt auf alles, was ist. Das macht ihn fähig zu Aussagen wie: nichts Schöneres als mein Spoletotal.

2
Rieti und das Rietital
Die ganze Welt ein Kloster

Franziskus ist dem Ruf Christi gefolgt. Nichts Irdisches kann ihn mehr gefangennehmen, kein Besitz hält ihn fest, und keine Orte können ihn an sich binden. Er ist überall zu Hause – und nirgendwo. Er zieht in der ganzen Welt herum. Sie ist für ihn der Adressat der Verkündigung: Allen Geschöpfen will er sagen, daß Gott gut ist, und die Geschöpfe sagen es ihm. Und gleichzeitig ist ihm die Schöpfung Kloster, ein Ort, wo er ganz und gar dem Geheimnis Gottes zugewandt leben kann, und das nicht weniger als ein Mönch, der meint, er müsse sich für immer aus der Welt zurückziehen. Diese Grundhaltung des Heiligen kann man vor allem entdecken, wenn man *Rieti und das dazugehörige Talbecken* durchwandert. Die Spuren des heiligen Franz sind bis heute allgegenwärtig geblieben.

Buon giorno, buona gente!

Heute noch klingt dieser musikalische Gruß durch die Städtchen und Dörfer des Rietitales, des Heiligen Tales, wie es auch heißt, weil Franziskus es mit seinen Füßen und seiner Stimme geheiligt hat: „Guten Tag, gute Leute!"

Immer wieder ist Franziskus in dieses Tal gegangen, wegen der Lieblichkeit der Wiesen und Wälder, der Bäche und Seen, wegen der Unnahbarkeit der Höhen und Felsen. Da hat er

Rieti: Kirche San Francesco

sein Weihnachten gefeiert und die Nähe Gottes besungen. Da hat er den Grundstein zum späteren Dritten Orden gelegt. Da hat er seine Regel geschrieben. Da hat er sich in seiner Verstrickung in das Böse erlebt, die Ängste seiner Seele durchlebt, die Befreiung aus Enge und Schuld gefeiert. Da hat er Kardinäle und Bischöfe empfangen und Solidarität mit einem kleinen armen Priester gezeigt. Da hat er den Papst besucht, und da hat er den Arzt aufgesucht, der ihn mit einer Tortur sondergleichen von seiner Bindehautentzündung heilen wollte. Nicht weit von hier hat er Wasser in Wein verwandelt, und ein wenig weiter weg ist die Erinnerung an ihn noch so lebendig, als wäre er erst gestern mit seinem Friedensgruß über die Schwelle getreten.

So viele franziskanische Spuren sind hier zu entdecken, daß es sich lohnt, sich dafür Zeit zu nehmen und ihnen Schritt für Tritt nachzugehen. Der Friede ergreift die Seele, wenn man in dieser Stadt und in diesem Tal unterwegs ist – mit der Gesinnung, die Franziskus bewegt: „Buon giorno, buona gente!"

Die Stadt Rieti

Rieti ist offensichtlich zur Zeit der Römer eine wichtige Stadt gewesen. Hier ist Terenz Varro geboren, der berühmte Dichter und Politiker, der seine Geburtsstadt für den „Nabel Italiens" (und der Welt) hielt, für den geographischen Mittelpunkt, um den sich alles dreht. Von hier stammt Kaiser Vespasian, der in Thermen, Villenresten und Inschriften auch heute noch da und dort zu entdecken ist. Aus dieser Zeit stammt die alte römische Brücke über den Velino; sie droht, bald in seinen Wassern zu versinken. Darum herum schwimmen übergroße Forellen – zum Staunen der Touristen, die von der neuen Brücke darauf hinunterschauen.

Allerdings fiel diese Stadt einmal dem großen Vergessen anheim. Erst im 12. und 13. Jahrhundert gewinnt sie wieder an Bedeutung. Die Päpste, die 1198 das Herzogtum Spoleto, zu dem Rieti damals gehörte, in Besitz nehmen, errichten eine Sommerresidenz: Honorius III. läßt sich hier nieder, um sich von der Hitze Roms zu erholen. Deswegen, aber nicht nur deswegen ist auch Franziskus oft hier: Er will seine Bruderschaft unter den besonderen Schutz des Papstes stellen, – und dieser hält seine sorgende und schützende Hand über ihn; seine Ärzte sollen dem kranken Franziskus Linderung bringen. Und auch spätere Päpste hat man hier gesehen, so beispielsweise Bonifaz VIII. unrühmlichen Andenkens (in seinem krankhaften Wahn hat er einiges getan, worüber wir heute nur den Kopf schütteln können).

Wie gesagt: Viele Orte im Rietital gibt es, wo Franziskus seine Spuren hinterlassen hat. Das Ziel, das er vor Augen hatte, war immer wieder auch Rieti: *die päpstliche Residenz, die Kathedrale, deren Krypta* heute noch jene gebetstiefe Atmosphäre ausstrahlt, die Franziskus zu mystischen Höhen emporgetragen hat. Sie ist 1157, keine dreißig Jahre vor seiner Geburt, entstanden.

Rieti: Blick von S. Antonio al Monte

In der Stadt gibt es auch Gäßchen und Straßen, durch die er gewandert sein mag und die sich seither kaum verändert haben, so zum Beispiel die „Via San Rufo", in der er bei Tebald Sarracenus übernachtete und unbedingt Lautenmusik hören wollte. Und da gab es den großen Sänger aus seiner Bruderschaft, der sich seiner musikalischen Vergangenheit schämte. An ihn, Angelo Tancredi, der in Rieti geboren ist und als persönlicher Guardian des Heiligen zu den wichtigsten Zeugen der franziskanischen Geschichte gehört, erinnert heute noch eine Straße, die seinen Namen trägt.

Das offene Fenster

In Rieti besucht Franziskus einmal einen reichen Mann. So sitzt er nun an einem gut gedeckten Tisch und kostet die köstlichen Speisen, die der reiche Mann ihm vorgesetzt hat. Doch obwohl dieser nicht mit Wein spart, bleibt Franziskus in seinem Herzen müde und traurig. Die Erdenschwere klebt an ihm, die Füße haften am Boden, die Gedanken ziehen hinunter.

Da erinnert er sich an unbeschwerte, frühere Tage. Und er vermißt die Musik, die alten Lieder, die das Herz tanzen ließen, so sehr, daß die Füße einfach mittaten. Er bittet Angelo Tancredi, einen Bruder, der mit ihm zum reichen Mann gekommen war, sich doch eine Laute auszuleihen und eine Musik anzustimmen, die er so trefflich dem Instrument zu entlocken wußte. Doch der Bruder geniert sich. Er erinnert sich nur ungern an sein Lautenspiel, denn damit verbindet sich sein altes Leben, das er doch abzulegen hofft. Auch die Leute aus der Stadt, die ihn kennen, denkt er, werden sich an dieses alte Leben erinnern, sich zwinkernd seine Sünden und Laster von damals ins Ohr flüstern und ihn nicht mehr ernst nehmen. Nein, sagt er, er will jetzt nicht Laute spielen.

Franziskus versteht. – Doch der Wunsch bleibt in seinem Herzen. Wie klangen sie denn noch, die alten Weisen?

Inzwischen ist es spät geworden. Alle legen sich zur Ruhe. – Das Fenster steht weit offen, Franziskus sieht den Sternenhimmel und sehnt sich immer noch nach den sanften, leichten Liedern.

Da – nach einiger Zeit – zieht eine Gruppe Spielleute vorbei, übermütig, ausgelassen. Der letzte von ihnen bleibt stehen, genau unter dem offenen Fenster. Er schaut hinauf zu den Sternen und ruft begeistert: „Seht, wie sie strahlen und leuchten, dabei sehen sie doch immer die gleiche alte, müde Erde und uns Menschen mit immer den gleichen Fehlern." Und dann nimmt der Spielmann seine Laute hervor und beginnt, eine alte Melodie zu spielen. Erst sanft, dann immer deutlicher. Ein Lied weckt ein anderes, und so spielt er und spielt. Die ganze Nacht stimmt ein. Der Wind trägt die Töne weiter, in jeden Winkel, in jedes schlafende Herz.

Gehört denn nicht alles zum Leben? Jeder Umweg, jeder Irrweg, damit wir nicht aufhören weiterzusuchen? Bis in die

Träume klingen die Lieder, lösen die Fesseln der Angst und Schwermut.

Lachend erwacht Bruder Franz. Er dankt und macht sich gestärkt auf den Weg.

Elisabeth Bernet (Vgl. 2 Cel, 126)

Terenz Varro

Rieti ist auch stolz auf seinen Bürger Terenz Varro (116–27 v. Chr.), gemäß dem italienischen Dichter Petrarca der dritte große Stern neben Cicero und Vergil am römischen Dichterhimmel. Ganz allgemein gab man ihm den bezeichnenden Titel „Vater der römischen Gelehrsamkeit". Die Stadt hat ihm vor Jahren ein ansprechendes Denkmal errichtet: Locker sitzt er da, mit beiden Füßen auf dem Boden, ein Buch in der Hand und in die Ferne schauend.

Cicero hat ihm einmal geschrieben: „Während wir als Fremde in unserer eigenen Stadt umherirren, haben uns Deine Bücher nach Hause gebracht. Du hast uns das Alter unseres Heimatlandes zur Kenntnis gebracht, die Angaben des Kalenders, die Riten der Religion. Du hast uns die Wissenschaft der Priester gelehrt, die Hauswirtschaft, die militärische Kunst, – Du, der Du uns von allen Landschaften, Regionen, Orten, von allen göttlichen und menschlichen Dingen die Namen, die Arten, die Funktionen, die Ursachen offenbart hast. Du hast unseren Poeten, ganz allgemein der Literatur und den lateinischen Sprachen unvergleichliches Illustrationsmaterial geliefert."

Das Lob ist verständlich. Denn *Terenz Varro* hat 53 Werke im Gesamtumfang von 500 Bänden geschrieben. Allerdings sind von diesem immensen Werk nur noch die drei Bücher über „die Landwirtschaft" und sechs Bücher (von insgesamt

Rieti: Terenz Varro

25) über „die lateinische Sprache" erhalten geblieben. Viele seiner Werke kann man in Bruchstücken rekonstruieren aufgrund von Zitaten zum Beispiel bei Augustinus, Cassiodor, Isidor von Sevilla und vielen anderen christlichen Autoren. Das meiste ist leider durch die Bürgerkriege und den Untergang des Römischen Reiches verlorengegangen.

Interessant ist, daß Terenz Varro in Montecassino, dem Ort, am dem sich der heilige Benedikt später niederlassen wird, eine Villa besaß. In der berühmten Benediktinerabtei wurde denn auch ein Manuskript aufbewahrt, das die Wirren überstand. Man kam sogar zur Ansicht, Terenz Varro sei innerlich ein Benediktiner gewesen, noch bevor es solche überhaupt gab. Offenbar hat er dazu Anlaß gegeben, schreibt doch Cicero zur Villa in Montecassino: „Varro hat daraus ein Haus des zurückgezogenen Lebens und des Studiums gemacht und nicht einen Schlemmerpalast. Alles atmet Tugend. Welche

Zwiegespräche! Welche Meditationen! Welche Schriften! Da hat er die Gesetze des römischen Volkes erklärt, die Denkmäler der Alten, die Prinzipien der Philosophie und aller Wissenschaften." Man zögerte nicht einmal, vom „heiligen Terenz Varro" zu sprechen .

Varro war nicht nur Schriftsteller, sondern auch Politiker. Seine politische Laufbahn führte ihn nach Spanien, Griechenland, Sizilien, Kleinasien. Als solcher geriet er in die Mühlen der Auseinandersetzung zwischen Marc Antonius, dessen Truppen die Villa in Montecassino verwüsteten, und seinem Gegenspieler Julius Cäsar. Seine Bücher wurden verboten und verbrannt.

Am Ende seines Lebens war Terenz Varro ein Mitglied des religiösen Geheimbundes, der von Pythagoras ins Leben gerufen wurde. Er ließ sich in einem Tonsarg beerdigen, der gefüllt war mit Myrten-, Oliven- und Schwarzpappelblättern.

Franziskus, der Gast des päpstlichen Hofes

Gegen Ende seines Lebens, als Franziskus schwer krank war, von der Malaria geschwächt, von einem Trachom, einer schmerzhaften Bindehautentzündung, schon fast erblindet, soll er nach dem Willen eines der mächtigsten Kardinäle der Kirche die Hilfe des päpstlichen Augenarztes erfahren. Hugo von Ostia, so heißt dieser Kardinal, der später Papst werden und Franziskus heiligsprechen sollte (Gregor IX.), ruft ihn darum nach Rieti.

Franziskus jedoch erhofft sich zunächst Heilung durch Schwester Klara. Deswegen geht er nach San Damiano. Doch Klara selbst ist auf den Tod krank und glaubt, noch vor ihrem geliebten Bruder und Freund sterben zu müssen. Sie, die mit ihrem Charisma schon viele geheilt hat, kann ihm nicht helfen. Die Krankheit verschlimmert sich so sehr, daß er für eine längere Zeit nicht reisefähig ist. Er fällt sogar in die dunkelste Nacht der Sinne und des Geistes: Nichts spürt er mehr vom Sinn des Lebens, nichts erkennt er mehr von der Schönheit des Himmels und der Erde; alles ist stumpf geworden. Doch dann löst ihn Gott von den Fesseln der bösen Geister; seine Hand rührt ihn an: Franziskus „sieht" wieder, fühlt sich gehalten. Er dichtet den Sonnengesang: die großartige Explosion eines mystischen Vulkanes.

Franziskus kann nun nach Rieti gehen, um das Angebot des Kardinals in Anspruch zu nehmen. Dieser und der ganze päpstliche Hof empfangen ihn mit großer Liebe und Ehrerbietung, wie die Quellen – wohl etwas übertrieben – sagen.

KARDINAL HUGOLIN

Viele Leute kamen, ihm mit ihren Arzneien zu helfen, doch kein Heilmittel konnte gefunden werden. Da ging er nach Rieti, wo nach Aussage der Leute ein Mann wohnte, der in der Heilung dieser Krankheit ein Fachmann war. Wie er also ebendort ankam, wurde er sehr freundlich und ehrenvoll von der ganzen römischen Kurie empfangen, die damals in dieser Stadt weilte. In erster Linie jedoch wurde er vom Herrn Hugo, dem Bischof von Ostia, der am meisten durch ehrbaren Wandel und heilige Lebensführung hervorleuchtete, aufs liebevollste aufgenommen.

1 Cel 99

Rieti: Turm des Domes

Heute steht an dieser Stelle eine *Kathedrale* aus späterer Zeit. Papst Bonifaz VIII. (1294–1303) hat die bischöfliche Kurie aufgebaut, eine eindrucksvolle Halle trägt seinen Namen. Ganz ohne Ehrfurcht vor dem historischen Erbe wird sie, die als Kirche gebraucht werden könnte, heute als Parkhaus für den „bischöflichen" Autobestand benutzt. Die Kirche selbst fällt vor allem durch ein ungewohntes Hochaltarbild auf: ein hochaufgerichtetes, leeres Kreuz; darunter ein offenes Felsengrab; davor liegt der tote Christus; gleich daneben verkündet der Erzengel Gabriel die frohmachende Botschaft von der Menschwerdung Gottes. Am eindrücklichsten jedoch ist die um vieles ältere Krypta mit ihren Säulen, und man kann sich gut vorstellen, daß Franziskus darin Nächte verbracht hat, um sich dem Geheimnis der Gegenwart Gottes zu öffnen.

Viele Geschichten, welche vom Aufenthalt des heiligen Franziskus im Rietital erzählt werden, drehen sich um den Papst, die Kardinäle, die Geistlichen der Kirche. Es sind Geschichten, die mit Ehrfurcht und Respekt geschrieben sind und Rücksicht nehmen auf die Stellung der Menschen, von denen die Rede ist. Dahinter verbirgt sich ein Bild kirchlicher Zustände, das zu wünschen übrigläßt.

DER UMKEHRUNWILLIGE KANONIKER

Um die Zeit, da der heilige Vater im Palast des Bischofs von Rieti krank daniederlag, war auch ein Kanoniker namens Gedeon (der Vermögensverwalter der Kathedrale von Rieti), ein ausschweifender Weltmensch, von Krankheit befallen und lag, am ganzen Körper von Schmerzen gepeinigt, zu Bett. Er ließ sich aber vor den heiligen Franziskus tragen und bat ihn unter Tränen, er möge ihn mit dem Zeichen des Kreuzes bezeichnen. Der Heilige sprach zu ihm: „Da du früher nach den Gelüsten des Fleisches gelebt und Gottes Gerichte nicht gefürchtet hast, wie soll ich da über dich das Kreuz machen?" Dann fuhr er fort: „Ich bezeichne dich im Namen Christi. Du sollst jedoch wissen, daß du noch Schlimmeres erleiden wirst, wenn du nach der Gesundung zu dem, was du ausgespien hast, zurückkehrst." Und er fügte bei: „Wegen der Sünde der Undankbarkeit werden immer Strafen auferlegt, die schlimmer sind als die früheren." Sobald also das Zeichen des Kreuzes über ihn gemacht war, stand er gesund auf, der eben noch als Krüppel dagelegen. Er brach in Jubel aus und rief: „Ich bin geheilt!" Es hörten viele seine Hüftknochen krachen, wie wenn man dürres Holz mit der Hand bricht.

Aber kurze Zeit danach vergaß er Gott und gab seinen Leib wieder der Unzucht preis. Als er eines Abends im Hause eines anderen Mitkanonikers speiste und jene Nacht dort schlief, stürzte plötzlich das Hausdach über allen ein. Während aber die anderen dem Tode entrannen, wurde er allein, der Unglückselige, verschüttet und kam ums Leben. – Und es ist nicht zu verwundern, wenn, wie der Heilige sagte, ihm schlimmere Strafen als die früheren folgten, da man für empfangene Nachsicht dankbar sein muß und wiederholte Untat doppelt mißfällig ist.

2 Cel, 41

BEKEHRUNG

Sonntagsgottesdienst!

Da sind nur wenige Leute.
Wirklich: Das Kreuz ist leer,
das Grab ist leer
und Christus tot,
verworfen,
unbegraben,
den Geiern überlassen.

Blätter liegen auf,
Texte zum Nachlesen.
Alles steht fest!
Gesetz, Ordnung, Ritus.
Nichts lebt,
nichts bricht spontan hervor,
nichts sprudelt aus dem Herzen.
Tote Buchstaben.
Wirklich: Das Kreuz ist leer
und Jesus tot,
und die Kirche ist sein Grab!

Der Priester rezitiert,
das Volk rezitiert.
Sie reihen Wort an Wort.
Doch keines fällt auf,
keines sticht hervor,
keines hat wirklich Bedeutung.
Wirklich: Das Kreuz ist leer,
und das Grab hat herausgespien
das Wort.
Achtlos liegt es da.
Keine Beziehung, nichts Gemeinsames.
Alle sprechen dasselbe.
Doch jeder in seinem eigenen Tempo,
als ob es darum ginge,
als erster an das Ende des Textes zu kommen
und schneller zu sein als die anderen.
Wirklich: Das Kreuz ist leer!
das Grab ist leer,
und Christus schon längst verwest!

Der Priester ist nicht präsent!
Er ist nicht in den Worten, die er sagt.

Die ganze Welt ein Kloster

Nicht in den Zeichen, die er setzt.
Nicht bei den Menschen, die er anspricht.
Nicht bei Gott, zu dem er betet.
Nicht bei sich selbst!
Er schaut herum,
sein Blick irrt immerzu
durch die ganze Welt.
Wirklich: Das Kreuz ist leer
und Gott weit weg
und Jesus umsonst gestorben!

Die Predigt ist
nichtssagend, banal,
die ewige Leier.
Nichts läßt aufhorchen,
nichts berührt,
nichts bewegt.
Wirklich:
gähnende, verschlingende Leere!

Da, plötzlich:
Ein anderes Bild!
Ich bin dem Tod entrissen,
von den Schlingen des Abgrundes befreit.
Ganz hell, klar,
von der Sonne beschienen,
nur eine einzige Frau,
wie ein Dia, das an die Wand projiziert ist:
Maria, die kniend das Unerhörte hört,
das Göttliche vernimmt,
das Leben empfängt.
Es bleibt mir nichts anderes,
als aufzustehen und niederzufallen
in die Knie:

Und das Wort ist Fleisch geworden,
hier,
jetzt,
und es lebt
in mir,
durch mich.
Anton Rotzetter

Andere Geschichten erzählen, wie sehr Franziskus an andere denkt. Er verschließt sich nicht in seinem eigenen Leiden. Er übersteigt vielmehr sein Leiden auf das Leiden der anderen hin. Er vergißt nie, daß es vielleicht Menschen gibt, deren Schmerz größer ist und deren Elend und Armut nach Solidarität schreien.

FISCH FÜR DEN KRANKEN

Eines Tages lag Franziskus schwer krank im Palast des Bischofs von Rieti. Die Brüder, die ihn umgaben, baten ihn inständig, etwas zu essen. „Liebe Brüder", sagte er, „ich habe keine Lust, ich mag nicht; höchstens dann, wenn ihr mir Hecht bringt, (den Fisch, den man Kaisern und Königen anbietet), werde ich vielleicht essen." Kaum hatte er das gesagt, stand einer da mit einem Kanister, in dem sich drei gut zubereitete Hechte befanden, und mit einem guten Teller Krebse, von denen Franziskus dann sehr gerne aß.

Und die Brüder zeigten sich sehr verwundert. Sie gaben der Heiligkeit des Franziskus ihr Gewicht und lobten den Herrn, der seinen Diener sättigte, wozu sie selbst nicht in der Lage waren. Zudem war Winterzeit, und im Rietital waren solche Köstlichkeiten nicht zu haben.
TsP 71

Das geschenkte Tuch

Als er einmal im Palast des Bischofs von Rieti krank darniederlag, sprach der Vater der Armen, da er nur mit einem schäbigen Habit bekleidet war, zu einem aus seinen Gefährten, den er zu seinem Guardian bestimmt hatte: „Bruder, ich möchte, daß du mir, wenn du kannst, Tuch für einen Habit beschaffst." Als der Bruder das vernahm, überlegte er bei sich hin und her, wie er das so nötige und so demütig erbetene Tuch beschaffen könne. Am nächsten Tage aber in aller Frühe wollte er zum Tor gehen, um auf einem Meierhof das Tuch zu besorgen. Und siehe, ein Mann neben dem Eingang wünschte ihn zu sprechen; er sagt zu dem Bruder: „Bruder, nimm um der Liebe des Herrn willen von mir dies Tuch für sechs Habite an! Einen wenigstens behalt für dich, die anderen verteile für mein Seelenheil, wie's dir gefällt." Hocherfreut kehrte der Bruder zum seligen Franziskus zurück und erzählte ihm von dem Geschenk des Himmels. Da sprach der Vater zu ihm: „Nimm die Habite an, denn der Mann ist dazu geschickt, auf diese Weise meiner Not abzuhelfen. Dank sei dem", so fuhr er fort, „der einzig um uns besorgt zu sein scheint."

3 Cel 35

Das Recht des Armen

Zur gleichen Zeit kam eine arme Frau von Machilone [heute Posta, etwa 30 km von Rieti entfernt] nach Rieti wegen einer Augenkrankheit. Und als an jenem Tag der Arzt zum seligen Franziskus kam, sagte er zu ihm: „Bruder, eine Frau, die augenkrank ist, kam zu mir. Aber sie ist so arm, daß ich ihr in der Liebe Gottes helfen muß und die Kosten erlasse."

Als er das gehört hatte, rief der selige Franziskus, von Mitleid mit ihr bewegt, einen der Gefährten, der sein Guardian war, zu sich und sagte zu ihm: „Bruder Guardian, es gehört sich, daß wir fremdes Eigentum zurückgeben." Dieser sagte: „Was ist das, Bruder?" Aber jener: „Diesen Mantel, den wir als Leihgabe von jener armen und augenkranken Frau angenommen haben, müssen wir ihr zurückgeben." Sein Guardian sagte zu ihm: „Bruder, was dir am besten scheint, das tu."

Der selige Franziskus rief in großer Freude jenen geisterfüllten Mann, der ihm sehr vertraut war, und sagte zu ihm: „Nimm diesen Mantel und dazu zwölf Brote und geh und sag so jener armen und kranken Frau, die der Arzt, der sie heilt, dir zeigen wird: ,Ein armer Mann, dem du diesen Mantel gegeben hast, erweist sich dir dankbar für die Leihgabe des Mantels, die du ihm gemacht hast. Nimm, was dir gehört.'"

Jener ging also und sagte der Frau alles, wie ihm der selige Franziskus gesagt hatte. Diese aber, meinend, er treibe ein Spiel mit ihr, sagte zu ihm in Furcht und Scheu: „Laß mich in Frieden, ich versteh nämlich nicht, was du sagst." Er aber legte den Mantel und die zwölf Brote in ihre Hände. Die Frau aber, als sie bemerkte, daß er die Wahrheit sagte, nahm es zitternd und mit Jubel im Herzen an. Und weil sie fürchtete, es werde ihr weggenommen, stand sie in tiefer Nacht auf und kehrte erfreut nach Hause zurück. Der selige Franziskus hatte sogar zu seinem Guardian gesagt, er solle in der Liebe Gottes täglich, solange sie dort bleibe, für ihre Ausgaben aufkommen.

Daher bezeugen wir, die wir mit dem seligen Franziskus waren, daß er in gesunden Tagen nicht nur gegenüber seinen Brüdern voller Liebe und Zärtlichkeit war, sondern auch gegenüber den gesunden und kranken Armen. So verschenkte er das Notwendige für seinen Körper, das die Brüder ihm zuweilen mit großer Sorge und Hingabe verschafften, mit großer innerer und äußerer Freude andern und entzog es

seinem Körper, selbst wenn es für ihn notwendig war. Dabei schmeichelte er uns zuerst, damit wir dadurch nicht beunruhigt würden.
TsP 98

Rieti: S. Francesco

Sant'Antonio al Monte

Sicher ist die Krypta in der Kathedrale das lebendigste Zeugnis für den Aufenthalt des heiligen Franz in der Stadt Rieti. Später entstandene Orte sind ausdrücklich seinem Gedächtnis verpflichtet: Die *Kirche San Francesco* ist leider meist geschlossen. Man begann 1245 mit ihrem Bau, also ungefähr zu der Zeit, als Angelus Tancredi, Bruder Leo und andere aus dem Kreis der ersten Brüder von Greccio aus ihre

Erinnerungen an Franziskus an den Franziskanergeneral Crescentio von Jesi schickten. Die Front dieser Kirche ist von jener einfachen Romanik, die sich dem Herzen einprägt. Nicht weit davon entfernt befindet sich das Kloster der heiligen Klara, das im 16. Jahrhundert erbaut wurde – für Schwestern, die vorher bei Campomoro, etwas außerhalb der Stadt wohnten.

Auf einem der umliegenden Hügel finden wir das Kapuzinerkloster aus dem 16. Jahrhundert, heute noch ein Ort der Stille und des einfachen Lebens, mitten in einem Wald, in dem man sich zu Hause fühlt, mit einem Aufstieg, der voller Symbolik ist.

Auf einem anderen Hügel – vom Garten bei der Kathedrale aus gut sichtbar – steht das *Franziskanerkloster Sant'Antonio al Monte*. 1474 gegründet, stammt es in seinem heutigen Ausmaß aus dem 18. Jahrhundert. Lange Zeit diente es als Krankenstation für alle vier Heiligtümer des Rietitales und als Studienhaus bis zur Aufhebung durch Napoleon. Heute

Rieti: Franziskanerkloster S. Antonio al Monte

Die ganze Welt ein Kloster

ist es gut ausgerüstet, um Pilgergruppen zu beherbergen. Und so ist denn dieses Kloster auch für uns heimatliche Basis, von der aus wir unsere Wanderungen im Geiste des Franziskus unternehmen.

Das Rietital

Von den umliegenden Bergen herunter bietet sich dem Auge ein wunderbarer Garten dar, ein Paradies, das die tiefsten Sehnsüchte zu stillen vermag, ein fast rundes Becken von etwa 20 km Durchmesser. Das Herz fließt hinunter wie die vielen Wasser von den Bergen! Der bekannteste von ihnen ist der etwa 2000 m hohe Termillo, das Erholungs- und Skigebiet der Römer, die nur etwa eine Autostunde entfernt wohnen.

Ursprünglich war dieses Becken gefüllt mit Wasser, ein großer zusammenhängender See mit vielen Sümpfen um ihn herum. Schon in vorchristlicher Zeit (272 v. Chr.) kommt der römische Zensor Manius Curius Dentatus auf die Idee, den Wassern einen Abfluß zu ermöglichen. Und so entsteht eines der großartigen technischen Wunder, das man heute noch zu gewissen Zeiten an den Wochenenden bewundern kann: den Wasserfall „delle Marmore". Heute sind nur noch ein paar voneinander unabhängige Seen zu sehen: der *Piedilucosee,* an den so viele schöne Geschichten des heiligen Franz geknüpft bleiben; der *Ripasottilesee,* an dessen Ufern ein sehr schöner Naturpfad angelegt ist, um versteckt und in Ruhe den Wasservögeln und den Fischen zuschauen zu können, der Lungosee, ganz in der Nähe der Susannaquelle, wo die Wasser aus dem Boden sprudeln.

Durch die Tat des römischen Zensors entstand ein fruchtbarer Boden, auf dem das Leben keimt, sprießt und Frucht bringt. Die Ebene Rieti sei so fruchtbar gewesen, daß man sie das „Euter Italiens" nannte, berichtet Terenz Varro. Wenn man eine Holzstange zurückgelassen hätte, sei sie am nächsten Tag nicht mehr zu sehen gewesen, so sehr sei sie bereits vom Gras

Labro

überwuchert gewesen. Auch heute noch ist das Rietital das landwirtschaftliche „Euter".

In diesem Tal gibt es schöne Orte, die das Staunen derer hervorrufen, welche ein Auge haben für die Spuren Gottes in der Geschichte: *Piediluco* mit seiner Botschaft an der Front der Franziskuskirche; das autofreie, mittelalterliche Städtchen *Labro* mit seinem tanzenden Christus über dem Hochaltar der Kirche.

Mai da solo

Mai da solo
ho mangiato
il mio tozzo di pane

Nie allein
hab ich gegessen
mein Stück Brot

Inschrift an der Kirche San Francesco,
links über dem Porträt eines Bischofs

Ein Garten

Ein Garten
voll Licht und Leben
und Bäume
voll Schatten
und Frieden
und Wasser,
das fließt von Herz zu Herz

Anton Rotzetter

Wunder der Natur

Franziskus durchwanderte immer wieder dieses Becken und die umliegenden Höhen. Wahrscheinlich ist er ohnehin über die Berge gekommen, als er 1209 zum ersten Mal mit sieben Brüdern hierher kam – von Assisi über Spoleto und den Monteluco, über Leonessa nach Rivotutri hinunter und dann nach *Poggio Bustone* hinüber.

Wenn man will, kann man diesen Weg nachvollziehen, lange Zeiten still in sich hinein- und in die Natur hinaushorchend, alle Sinne offen, nach innen und nach außen, geradeso wie Franziskus wandernd meditierte und meditierend wanderte, die Minute auskostend, im Augenblick lebend, ohne Hast und ohne Drängen.

Das Minutenkind

Als das Mädchen geboren wurde, glaubte man, den Kindern durch eine konsequente Zeiterziehung zu helfen, ihren Weg in dieses Leben zu finden. So kam es, daß man Neugeborenen exakt alle vier Stunden zu trinken gab. Schliefen sie gerade, so wurden sie geweckt. Weinten sie vor Hunger bereits eine Stunde früher, so ließ man sie schreien, bis sie dann völlig erschöpft einschliefen. Kinderärzte und Psychologen redeten den Müttern ein, es sei wirklich das Beste für ihre Kinder, wenn sie eine möglichst frühe Erziehung zur Pünktlichkeit erfuhren. So war es ebenfalls üblich, daß man Säuglinge nachts niemals aufnahm, egal wie sehr sie auch wimmerten und schrien. Aus dieser Zeit also stammte das Minutenkind.

Seltsamerweise fruchtete die Erziehung zur Pünktlichkeit bei diesem Mädchen nicht. Es schlief nur dann, wenn es müde war, es trank nur dann, wenn es Hunger und Durst hatte. So blieb das noch lange.

Die ganze Welt ein Kloster

Zum Glück hatten seine Eltern andere Sorgen, denn die Zeiten waren schlecht. Dennoch freuten sie sich von Herzen an ihrem Mädchen und herzten es und spielten mit ihm, wann immer sie Zeit dafür fanden.

Als das Kind ein wenig größer geworden war, spielte es auf den Plätzen vor dem Haus, auf der Wiese und im Wald. Meist waren Hunde und Katzen seine Spielkameraden. Als das Mädchen in die Schule gehen sollte, dachten die Eltern daran, daß es jetzt doch Zeit sei, ihrem Kind ein wenig mehr Ordnung beizubringen. Wenn die Mutter zum Essen rief, so antwortete das Kind: „Laß mich noch ein bißchen den Vögeln zusehen, sie haben gleich ihr Nest fertig gebaut." Die Mutter wartete, und manchmal rief sie kein zweites Mal. So war der Tisch manchmal schon abgeräumt, wenn das Kind endlich nach Hause kam.

Auch am Abend, wenn es Zeit zum Schlafen war, sagte das Mädchen manchmal: „Nur noch eine Minute, bis meine Puppe eingeschlafen ist", oder: „Wenn der Teddy mir die Geschichte zu Ende erzählt hat, dann gehe ich schlafen." Und da die wenigsten Erwachsenen je wissen, wann die Puppen eingeschlafen sind, oder wann der Teddybär seine Geschichte erzählt hat, bestanden immer Zeitunterschiede. Als das Mädchen noch größer geworden war, bekam es eine Uhr geschenkt, damit es sich endlich an das „wirkliche Leben" gewöhne. Ab und zu hielt das Mädchen die Uhr an, oder es sagte einfach, es ist erst drei, wenn die anderen Leute bereits vier oder fünf Uhr hatten.

Aber irgendwann verlor das Minutenmädchen das Spiel, vielleicht war es in jenem Augenblick, da es begann, erwachsen zu werden. Nur ganz selten, wenn sie später als Frau in den Armen ihres Liebsten lag, flüsterte sie: „Bleib noch, bleib noch eine Minute." Und er, der Liebste, war zärtlich genug zu spüren, wie lang eine Minute sein konnte.

Viele Jahre vergingen, das Minutenkind war eine alte Frau

geworden. Mit ihrem uralten Hund lebte sie zurückgezogen. Meist redete sie mit den Vögeln und Hunden, mit den Blumen und Schmetterlingen. Doch als sie die Kräfte mehr und mehr verließen, beschlossen die Nachbarn, sie in ein Pflegeheim zu bringen. Die Hauspflegerin hatte kaum Zeit, die wunderlichen Geschichten der Alten anzuhören, und als sie eines Tages sagte: „Ach, bleiben Sie doch nur eine Minute" und dann lange und ausführlich erzählen wollte, schrieb sie in den Pflegebericht: „... zeitlich völlig desorientiert".

Als die alte Frau einige Tage später von ihrem Bett aufstehen wollte, hatte sie ein seltsames Gefühl. Wie im Nebel schien ihr die Welt, alles war wie in Watte verpackt, obwohl es doch mitten im Sommer war. Die Türe öffnete sich, und ein Windhauch kam herein. „Ich möchte dich abholen, bist du bereit?" fragte eine sanfte Stimme. „Ich komme schon mit dir, aber sieh, mein Hund freut sich gerade auf einen Spaziergang. Kannst du noch eine Minute warten?" Der seltsame Besuch lächelte und nickte. „Rufe mich, wenn die Minute vorbei ist", rief die Stimme der Alten noch nach, die sich mit wackligen Schritten auf den Spaziergang machte. Es war ein wunderschöner Tag. Die Rosen hatten die Knospen geöffnet, und die Luft war voll Vogelgesang. Der alte Hund sprang fast so wie ein junger, und die Frau redete mit ihm über alles, was sie gemeinsam erlebt hatten. Erst als die Sonne untergehen wollte, kamen beide zu Hause an, voll Freude am Leben.

Da stand die Sozialarbeiterin vor der Tür und sagte: „Ich habe eine gute Nachricht für sie. Wir haben einen Pflegeplatz gefunden." „Was wird aus meinem Hund?" fragte die alte Frau. „Den Hund müssen wir einschläfern, sehen Sie, er ist alt und kann nicht mehr gut laufen. Glauben Sie mir, es ist besser so", sagte die Sozialarbeiterin, die die nötigen Formalitäten zu regeln hatte. „Ich bin doch auch alt, kann nicht mehr gut sehen, nicht mehr gut hören und kaum noch laufen. Trotzdem freue ich mich jeden Tag an meinem Hund, wieso sollte er es nicht tun?" fragte die Alte. „Im Pflegeheim sind keine Tiere erlaubt, das müssen Sie doch verstehen. Wer sollte sich denn bei dem Personalmangel noch um Hunde und Katzen kümmern?" gab die Sozialarbeiterin zu bedenken. „Nun, wenn's denn sein muß," erwiderte die alte Frau seufzend, „nur geben Sie mir noch eine Minute, mich von meinem Tier zu verabschieden." Die Sozialarbeiterin verzog das Gesicht. „Eine Minute ist kein Problem, aber dehnen Sie diese Minute nicht nach Ihrer Art aus; der Helfer wartet unten im Taxi, er wird Ihren Hund zum Tierarzt bringen. Ich beginne mit dem Packen der nötigsten Sachen." Mit diesen Worten ging sie ins Schlafzimmer. Die alte Frau nahm den Hund auf den Schoß, kraulte ihn liebevoll und sagte: „Komm, wenn du uns beide holen kannst, dann komm, die Minute ist vorbei."

Das Taxi hupte ungeduldig, und die Sozialarbeiterin rannte bestürzt hinaus. „Das Problem hat sich erledigt, rufen Sie den Notarzt, ich glaube, die alte Frau ist soeben gestorben." „Aber ich soll doch den Hund zum Einschläfern bringen", entgegnete der Helfer. „Ich denke, er ist ebenfalls tot", sagte die Sozialarbeiterin. –

„Sieh Dir das an, mein Hund", sagte die Alte, „welch ein Zauber, wie es hier duftet und blüht, und all die Menschen und Tiere, sieh, wie sie lachen und springen." Da merkte sie erst, daß sie auch springen konnte. Wie auf Flügeln, wie damals als Kind, ohne Arthrose in den Gelenken, ohne Atemnot und Herzklopfen. Auch der Hund rannte los. Da fragte die Frau den Nächsten, dem sie begegnete: „Kann ich und mein Hund hierbleiben, wenigstens für eine Minute?" Da lachte der Angesprochene und rief all die anderen herbei. „Minutenkind, sei willkommen, hier brauchst Du die Zeit nicht mehr zählen, sie ist alle Dein."

Elisabeth Bernet

Von der Straße 451 nach Leonessa geht bei km 17,5 ein Weg hinauf, der markiert ist und dem man folgen kann, bis man – etwa nach einer halben Stunde – aus dem Wald heraustritt; von da an wandert man dann aber nicht mehr auf dem bezeichneten Weg weiter, der mit etwa 45 Grad links von der geraden Linie abweicht, sondern auf dem nicht markierten Weg, der geradeaus geht. Dieser führt wieder in den Wald hinein und dann über eine Weide sanft hinauf zu einer Kuhtränke. Von da an verläßt man den gemütlichen Weg, der rechter Hand zuerst dem Berg entlang und dann über Weiden führt, nicht mehr, bis man bei der sogenannten „Buche des heiligen Franz" ankommt (Wegweiser: „Faggio" rechter Hand). Es lohnt sich, hier einen Halt einzuschalten und dieses Wunder der Natur zu bestaunen. Sie ist etwa 200–250 Jahre alt und hat sich mit ihren Ästen und Zweigen nicht weit vom Boden zu einem Dach (22 m breit) geformt. Es handelt sich dabei um eine Spontan-Mutation, „Pendula" genannt, die äußerst selten ist und nur noch an zwei anderen Stellen der Welt vorkommt: in England und in Nordamerika.

Der Eindruck ist tief und bleibend. Kein Wunder, daß das Volk seine Phantasie spielen läßt und trotz historischer Unmöglichkeit eine Verbindung zu Franziskus herstellt. Dieser lebte ja so naturverbunden, daß alle Geschöpfe brüderlich und schwesterlich zueinander waren. Und so habe die Buche ihre schützenden Arme über ihn gehalten, als er auf seinen Wanderungen in ein heftiges Unwetter geraten sei. Böses soll dem nicht widerfahren, der versöhnt mit Gott, der ganzen Welt und sich selbst lebt.

Rivotutri: Die Buche des hl. Franz

SEUFZER

Seufzer 1

Ach!
Wenn sich doch
ein Schirm spannte
über mir
und
wenn doch
ein Baum
mich und die Meinen umhüllte
jetzt
im Unwetter des Lebens.
Anton Rotzetter

Seufzer 2

Ach!
Waren das noch Zeiten!
Da gerät einer ins Unwetter
– und eine Buche schlingt
schützend seine Arme um ihn
und bedeckt ihn zärtlich
mit ihrem Geäst und den Blättern!

Da ist einer trostlos
– und ein Engel erscheint
auf dem Felsen
und singt zur Laute
von Licht und von Liebe!

Da gelüstet es einen nach Wein
und nach der Fülle des Lebens
– und da wird ihm das Wasser zu Wein
und die Armut wird Überfluß!

Da brennt die Sonne so furchtbar wild
– und er pflanzt seinen Spazierstock in die Erde
und dieser wächst zum Kastanienbaum
und gibt Schatten.

Anton Rotzetter

DIE BUCHE

Franziskus wandert. Er wandert weit, hin zu den Dörfern, hin zu den Menschen. Überall begegnet er der Not, der Ungerechtigkeit, dem Streit, der Feindschaft, der Hoffnungslosigkeit.

Franziskus geht in die Einsamkeit.

Er geht nicht allein, er trägt die Last und das Elend der Menschen und Tiere mit. Er geht mit hocherhobenen Armen.

Er blickt zum Himmel, Hilfe erhoffend. Das gleißende Licht blendet ihn, die Augen brennen. Er achtet nicht darauf. „Erleuchte mich", fleht er, „zeige mir eine Möglichkeit, die Not zu lindern."

Die Mittagshitze treibt mit glühendem Atem Menschen und Tiere in den Schatten. Franziskus aber geht weiter, immer weiter. Ermattet zwar, doch immer noch den Blick und die Arme nach oben gerichtet, hilfesuchend. Schwüle umklebt alles, kein Windhauch, die Luft steht, keine Antwort, lähmende Stille. Franziskus ist erschöpft, doch die Beine laufen noch weiter.

Da, endlich kommt Wind auf, wird stärker, wird zum Sturm. Der erste Blitz zuckt, und auch der Wanderer zuckt zusammen beim heftigen Donnerschlag. Das Gewitter ist über ihm. Es heult, es regnet, es gießt, es schüttet.

Erst jetzt sieht Franziskus den Baum. Ein Baum, der – wie er die Arme – die Äste ratlos zum Himmel erhebt. Der Regen peitscht waagrecht. Der zarte Mann friert. Erst die Hitze, nun der kalte Wind und der durchnässende Regen. Franziskus schmiegt sich an den Baum.

Da streckt die Buche nicht länger die Äste und Zweige zum Himmel. Sie nimmt sie wie Arme herunter und umhüllt den Wanderer. Mit abertausend Blätterhänden bildet sie die grüne Umarmung. Kein Windhauch mehr erreicht Franziskus, kein Regentropfen. Da umarmt auch er den Baum, erwidert dessen Zärtlichkeit, küßt seine Rinde.

Licht bricht durch den Blättervorhang, das Gewitter hat sich verzogen, die Luft ist frisch und rein. Sanft löst Franz seine Arme von der Buche und beginnt zu singen. Er singt ein Lied von Bruder Baum, der den Menschen gleicht. Sein Stamm, wie die Wirbelsäule zum Himmel aufgerichtet, läßt Äste und Arme frei zum Umarmen. Und Franz tut es seither: Umarmen, wohin er kommt!

Elisabeth Bernet (nach einer lokalen Volkslegende)

Diese Buche will den Wanderer hineinbergen in die Liebe Gottes. Sie hat eine große Botschaft auszurichten, die nicht überhört werden möchte. Ein Ort, wo man sich zur Ruhe niederlassen kann: Schatten in der Hitze, Stillstand der Bewegung, Aufblick vom Boden... Wir genießen die Stunde, die weder an das Vorher noch an das Nachher denkt. Bäume reden, Blätter sprechen, Steine künden, Erde singt...

Das Gleichnis von den Bäumen, die sich einen König wählen wollen, kommt in den Sinn. Ironisch macht es sich lustig

Cottanello: San Cataldo

über das Vorhaben, „*über* anderen schwanken" zu wollen und deswegen die Süßigkeit der Frucht oder die Schönheit des Seins aufgeben zu wollen. Nein, es kann nicht der Sinn des Lebens sein, über andere zu herrschen. Sein und Leben und anderen Raum geben – das ist der Sinn, der da eingestiftet ist in die Schöpfung. Wie sehr der Wille zur Macht vorgegeben ist, wie sehr es immer wieder solche gibt, die über anderen stehen, *über* ihnen „schwanken" wollen, und wie sehr immer wieder Millionen unter den Machtgelüsten eines Abimelech, eines Hitlers, machtgieriger Präsidenten und Oberhäupter zu leiden haben – es ist nicht der Wille Gottes. Weder darf jemand in diese Macht eingesetzt werden, noch darf jemand solche Macht erstreben.

Schatten und Geborgenheit geben ist mehr, Dienen besser. Das ist Gottes Offenbarung. Biblischer Glaube äußert darum immer auch Macht- und Herrschaftskritik. Das zeigt das folgende Gleichnis, das zeigen die Propheten, und das zeigt nicht zuletzt Jesus Christus, dem Franziskus folgen will. Der Baum, von dem das Leben kommt, ist das Kreuz: Die Ohnmacht der Liebe, die letzte Entäußerung der Macht, die totale Verausgabung der Liebe ist das Maß, das gesetzt ist.

BÄUME WOLLEN EINEN KÖNIG WÄHLEN

Als Jotam hörte,
daß sich Abimelech zum König ausrufen ließ,
stellte er sich auf den Gipfel des Berges Garizim
und rief ihnen mit erhobener Stimme zu:
Hört auf mich, ihr Bürger von Sichem,
damit Gott auf euch hört.

Einst machten sich die Bäume auf,
um sich einen König zu salben.

Sie sagten zum Ölbaum:
Sei du unser König!
Der Ölbaum sagte zu ihnen:
Soll ich mein Fett aufgeben,
mit dem man Götter und Menschen ehrt,
und hingehen,
um über den anderen Bäumen zu schwanken?

Da sagten die Bäume zum Feigenbaum:
Komm, sei du unser König!
Der Feigenbaum sagte zu ihnen:
Soll ich meine Süßigkeit aufgeben
und meine guten Früchte
und hingehen,
um über den anderen Bäumen zu schwanken?

Da sagten die Bäume zum Weinstock:
Komm, sei du unser König!
Der Weinstock sagte zu ihnen:
Soll ich meinen Most aufgeben,
der Götter und Menschen erfreut,
und hingehen,
um über den anderen Bäumen zu schwanken?

Da sagten alle Bäume zum Dornenstrauch:
Komm, sei du unser König!
Der Dornenstrauch sagte zu den Bäumen:
Wollt ihr mich wirklich zu eurem König salben?
Kommt, findet Schutz in meinem Schatten!
Wenn aber nicht,
dann soll vom Dornenstrauch
Feuer ausgehen und die Zedern des Libanon fressen.

Buch der Richter 9,7–15

Von diesem eindrücklichen Ort geht es dann noch etwa eine Stunde über Cepparo nach *Rivotutri*. Wald, Rinder- und Schafherden, Vogelgezwitscher, eine großartige Aussicht… Immer wieder umgibt den Wanderer das Wunder der Natur. Alles bekommt Bedeutung und Gewicht, wenn jemand mit der Achtsamkeit der Seele und einem liebenden Herzen durch die Schöpfung wandert, wenn aller Streß abgefallen ist und nur noch die Minute, die Sekunde, der Augenblick zählt. Selbst ein toter Schmetterling verdient alle Aufmerksamkeit der Welt.

Piediluco

Gibt es denn überhaupt etwas, was nicht unsere Aufmerksamkeit verdient? Franziskus mußte sich einlassen auf die Botschaft der Schöpfung. Wie steht es denn mit den Fischen? Sind sie dazu da, um auf unseren Tischen die Gaumenlust zu entfachen? Gibt es nicht auch das Recht des Fisches auf ein eigenständiges Leben? Und hat nicht auch ein Vogel das Bedürfnis, gehalten zu sein in der Hand der Liebe?

Franziskus jedenfalls lebt diese freilassende und bergende Liebe auf eine Weise, daß sie auch heute noch modellhaft ist. Er braucht kein Kloster, um Gott zu begegnen. Die ganze Welt ist voll von Ihm. Die Schönheit des Hasens, des Mohns, der Seen, des ganzen Tales weist über sich hinaus. Aber nur dann, wenn jeder Stein sein Gesicht haben darf und jedes Gesträuch und jedes Getier sein eigenes Leben, wird das Göttliche in ihnen offenbar.

Freilassende Liebe

Liebe und Zärtlichkeit hegte Franziskus auch gegen die Fische, die er, wenn sich ihm Gelegenheit bot, nach dem Fange wieder lebendig ins Wasser warf mit der Mahnung, sie sollten sich hüten, daß sie nicht ein zweites Mal gefangen würden. – Als er nämlich eines Tages auf dem See von Rieti in der Nähe eines Hafenplatzes in einem Schifflein saß, fing ein Fischer gerade einen großen Fisch von der Art, die im Volksmund Schleie heißt, und bot ihn von Herzen dem Heiligen an. Heiter und freundlich nahm dieser den Fisch und begann ihn Bruder zu nennen. Und er setzte ihn außerhalb des Schiffleins ins Wasser und fing an, mit Hingabe den Namen des Herrn zu preisen. Und jener Fisch spielte eine Zeitlang, nämlich solange Franziskus im Gebete verharrte, neben dem Schifflein im Wasser und wich nicht von der Stelle, wo er ihn hingesetzt hatte, bis der Heilige Gottes nach Beendigung seines Gebetes ihm die Erlaubnis gab wegzuschwimmen.

So erlangte der glorreiche Vater Franziskus, weil er selbst auf dem Wege des Gehorsams wandelte und das Joch der Unterwerfung unter den göttlichen Willen vollkommen auf sich nahm, von Gott die hohe Auszeichnung, daß ihm die Geschöpfe gehorsam waren. – Und in Wahrheit muß der ein Heiliger sein, dem die Geschöpfe so gehorchen und auf dessen Wink hin selbst die Elemente sich verwandeln und zu anderem gebrauchen lassen.

1 Cel 61

Der Vogel in der Hand

Der selige Franziskus saß einmal in einem Kahn, um über den See von Rieti nach der Einsiedelei Greccio zu fahren. Da bot ihm ein Fischer ein Wasservöglein an, daß er sich an ihm im Herrn erfreue. Der selige Vater nahm es mit Freuden an, öffnete seine Hände und lud es sanft ein, frei davonzufliegen. Da es aber nicht fort wollte, sondern sich wie in ein Nest in seine Hände schmiegte, erhob der Heilige seine Augen zum Himmel und verharrte im Gebete. Und als er wie aus einer anderen Welt nach einer langen Weile zu sich kam, gebot er dem Vöglein mit zärtlichen Worten, sich ohne Furcht wieder in seine alte Freiheit zurückzugeben. Als es so Segen und Erlaubnis erhalten hatte, drückte es mit einer Bewegung des Körpers sichtliche Freude aus und flog davon.

2 Cel 167

3
Fonte Colombo
Der franziskanische Sinai: Gesetz und Evangelium

Für Franziskus ist die Schöpfung ein Ort der Begegnung. Alles kündet das Geheimnis der Liebe. Jeder Stein schreit nach Liebe, jeder Keim wächst ihr entgegen, jedes Tier trägt sie in unser Herz, und jeder Mensch hungert und dürstet nach ihr.

Nun lebt aber Franziskus noch vor einem anderen Horizont: vor dem Gott, der sich auf dem Sinai als Bündnispartner angeboten hat und einen ewigen Bund mit dem Menschen eingehen will. Die zehn Gebote, die Moses vom Berg zurückbrachte, sind nicht der Kern dieses Bundes, sondern bloß die Schale. Kern des Bundes ist etwas völlig anderes: Liebe, Zuwendung, befreiende Gegenwart: Ich bin mit Euch auf allen Wegen des Lebens! Ich will, daß ihr frei seid und die Fülle des Lebens genießt. Immer wieder besteht die Gefahr, diesen Kern zu vergessen. Religion wird dann zum bloßen Gesetz, zur unerbittlichen Forderung, zu einem Leben, das in sehr engen und beängstigenden Bahnen verläuft. Franziskus dagegen wußte um den Kern der jüdisch-christlichen Religion. Sonst hätte er nicht so im Universum stehen können, wie es das vorhergehende Kapitel deutlich machen wollte. Franziskus konnte eine freilassende und bergende Liebe leben, ganz einfach deswegen, weil er Gottes Offenbarung in erster Linie als frohmachende Botschaft erfahren hat, ihn selbst als leuchtendes Antlitz und als offene Arme, als Freilassung und Geborgenheit.

Heute, wo man vorschnell alle Religionen als langweiligen Eintopf zubereitet, ist wieder die Zeit, solche Dinge zu sagen. Wenn Gott die sich hingebende Liebe ist, ein personales Geheimnis, das sich in Beziehung setzt, ein Ich, das sich gänzlich in die Geschichte hinein entäußert, eine Hingabe, die grenzenlos ist und den Tod auf sich nimmt, dann müssen wir ganz anders reagieren. Liebe fordert die Antwort der Liebe, nicht die Befolgung von Gesetzen, sondern den Einsatz des Lebens, Frieden, Gerechtigkeit…

Und das ist Leben, Leben in Fülle.

Fonte Colombo: Kirche und Kloster

San Benedetto

Wir müssen weite Wege gehen, um diese Art Religion zu entdecken. Auch Franziskus mußte sie gehen. Ganz offensichtlich war er auch deswegen sozusagen immer unterwegs. So machen auch wir uns von neuem auf den Weg. Wir lassen uns von Rieti aus an *Castel San Benedetto* vorbeifahren und lassen uns während der Fahrt sagen, daß hier vor Jahrzehnten der Zweite Weltkrieg tobte…

Wie den Frieden finden mit der Vergangenheit, mit der eigenen Biographie, Frieden zwischen den Völkern? Einer Teilnehmerin liegt diese Frage aus verständlichen Gründen auf dem Herzen. Sie stellt sich der Aufgabe – und eine großartige Geschichte entsteht. Ich würde mir wünschen, daß diese Geschichte eingehen könnte in alle Schulbücher der Welt.

Versöhnung

Am Weg liegt *San Benedetto*. Dem Namen nach mir lange bekannt. Nun will ich den Ort kennenlernen. Die Straße von Rieti herauf zieht sich in vielen Kurven hoch. Die Sonne brennt an diesem Herbsttag noch einmal heiß.

Ich muß an jenen Sommer 1943 denken, der mir vielmals anschaulich beschrieben wurde, weil er dem Erzähler unauslöschlich in der Erinnerung ist. Noch als bald Siebzigjähriger wird er traurig, wenn er sich das von der Seele redet, was die wenigsten „weggesteckt" haben – wie man sich heutzutage ausdrückt. Dann kommt aber auch immer Glanz in seine Augen, wenn er San Benedetto sagt. Dort war der Wahnsinn des Krieges für ein paar Tage überstrahlt von mütterlicher Sorge und erster, verbotener Zuneigung.

Ganz langsam gehe ich die Dorfstraße entlang. Sie ist leer

um diese Zeit, wie alle italienischen Straßen während der Siesta. Täusche ich mich, oder bewegt sich hier und dort eine Gardine, gibt für einen Moment ein staunendes Gesicht preis? Fremde kommen hierher nur selten. Touristen bleiben drunten im Tal am großen See.

Mit unverhohlener Neugier betrachte ich die ruinösen Fassaden der alten Häuser, die beschädigten Torbogen, wahrscheinlich Reste einer einstigen Burg. Nicht viel anders mag das damals ausgesehen haben im Kriegssommer 1943. Nur die Autos zwischen den halbverfallenen Mauern sind Neuzeit. Da und dort eine neue Holztüre, Fremdkörper in diesem zeitlosen Dorf.

An der verschlossenen Kirchentüre ein Zettel. Ich entziffere, in zwei Stunden ist Messe. Soviel Zeit will ich mir fürs Kennenlernen nehmen – wenn ich Glück habe, auch noch einiger Bewohner. Noch ist niemand in Sicht. Auf einer Weide hinter dem Dorf genieße ich unter einem Ölbaum die weite Sicht, die große Stille. Einen treibt die Neugierde aus dem Dorf. Er kommt mit seinem Hund, spricht mich verlegen an. Er erscheint mir zu jung, um ihn auf Ereignisse anzusprechen, die ein halbes Jahrhundert zurückliegen. Zeit, zur Messe zu gehen, sage ich und wandere zurück. Er und sein Hund hinter mir drein.

Jetzt stehen sie in kleinen Gruppen vor ihren Häusern, die Bewohner von San Benedetto. Ich frage vor der immer noch zugesperrten Kirchentüre nach der Messe. Nein, die könne noch nicht beginnen, der Pfarrer ist noch nicht gekommen. Das ist der Zeitpunkt, Kontakt zu knüpfen. Ich erzähle von einem Deutschen, der als 17jähriger in Uniform für ein paar Tage in San Benedetto einquartiert war und für eine kleine Spanne inmitten von Kampf und Tod Familienleben genießen durfte, verbotenerweise. Eine Mama sorgte für ihn wie für ihren eigenen Sohn, eine Tochter lächelte ihm so oft nur möglich schüchtern zu, ein Vater ließ sie nicht aus den Augen.

Es war gefährlich für die Menschen, menschlich zu handeln, Italien und Deutschland standen damals nicht mehr im gleichen Lager. Die Leute von San Benedetto aber unterschieden nicht nach Freund und Feind, sie behandelten einen Soldaten, gerade brutal aus den Kinderschuhen gerissen und in Soldatenstiefel gesteckt, wie einen lieben Gast – und schenkten ihm den verlorenen Glauben an Gott und die Welt wieder.

Das wurde mir so oft erzählt, daß es mir keine Mühe macht, diese wahre Geschichte auf der Dorfstraße von San Benedetto im Sommer 1994 zu berichten, umringt von einer immer größeren Gruppe. Sie fragen nach, wollen mehr wissen, holen einen Alten, der sich ihrer Meinung nach noch erinnern müßte. Er tut sich schwer, nickt nur immer wieder zustimmend. Einer bringt eine Flasche Wein, Frauen tragen Gläser herbei. Wir feiern auf der staubigen Dorfstraße Frieden und Versöhnung. Es ist nicht mehr auszumachen, in welchem Haus die Begegnung stattfand. Aber das erscheint auch ganz unwesentlich. Es sind die jungen Bewohner, die sich Krieg in ihrem Land kaum vorstellen können, die anregen, der Besucher von damals solle doch kommen und Wiedersehen mit San Benedetto feiern. Vielleicht kann er dann auch den inneren Frieden schließen mit jener unmenschlichen Zeit, in der zwischen tagelangen, tödlichen Kämpfen immer wieder Pausen eingelegt wurden, in denen beide Seiten ihre Toten einsammeln konnten. Diesen grausamsten Kreislauf nicht mehr zuzulassen, das möchte er der Jugend, nicht nur in San Benedetto, sagen.

Erika Gäble

Fonte Colombo: Quelle

Verbundenheit

Wir fahren noch etwas weiter, am Dorf Maglianello Alto vorbei, bis die geteerte Straße aufhört. Nochmals: Wunderbar sind diese Höhen, herrlich der Blick in die Täler. Aber wer kann es sehen? – Nur der befreite Mensch sieht das Schöne. Für den, der verbittert und enttäuscht ist, gefangen und bedrückt, gibt es nichts zu sehen, was Anlaß und Grund zum Staunen und Verwundern sein könnte.

Wortlos wandernd, in Stille, wollen wir uns hineinfühlen in die Schöpfung, in die Liebe, die hinter allem liegt, in die Einheit und Harmonie, die Gott in seine Schöpfung hineinstiften wollte, die aber durch menschliche Überheblichkeit gestört ist. Was Matthäus von Aquasparta, einer der ersten großen Theologen im Gefolge des heiligen Franz, geboren in einem Ort, der nicht weit vom Rietital entfernt ist, gesagt hat, kann unseren Weg bestimmen und zur Erfahrung werden.

Es gäbe Geschöpfe, sagt er, die bloß da sind: Mineralien, Steine, Felsen, Berge, Sterne, Sonne und Mond, Wind und Wasser, Feuer und Erde, Salz und Eisen, Sand und Meer... Wir können uns in der Stille und in liebender Achtsamkeit ins Dasein hineinfühlen, das allen Geschöpfen gemeinsam ist.

Dann, sagt er, gäbe es Geschöpfe, die da sind und wachsen: Blumen, Kräuter und Gräser, Bäume, Sträucher und Büsche, Zellen, Keime und Knospen... Wir können uns, wenn wir unseren eigenen Lärm zurücknehmen und allem aufmerksam und liebend verbunden sind, dem Wachsen und Keimen und Knospen anheimgeben, das uns mit der Vegetation verbindet.

Drittens, meint Matthäus, gäbe es Geschöpfe, die da sind und wachsen und fühlen: Tiere des Feldes, der Luft und *des Wassers*: Igel und Hase, Reh und Hirsch, Käfer und Schlange, Hund und Katze, Ochs und Esel, Adler und Spatz, Maulwurf und Lerche, die kleinsten Zelleinheiten und die kompliziertesten Lebewesen... Wir können uns, wenn wir es nur wollen, erfühlen und fühlend mit allem verbinden, was fühlt.

Schließlich, sagt Matthäus von Acquasparte, gäbe es Geschöpfe, die da sind und wachsen und fühlen und denken: der Mensch, Mann und Frau, Kind und Greis... Im liebenden Miteinander können wir uns des Daseins, des Wachsens, des Fühlens, des Bewußtseins gewahr werden, wenn wir nur achtsam und still genug sind.

Mit anderen Worten: Wir Menschen sind nicht aus anderem Holz geschnitzt als die anderen Geschöpfe: Der Stein ist auch in uns, und auch der Baum und der Adler sind in uns. Wir haben alles in uns – und jedes Mal, wenn etwas aus der Schöpfung verschwindet, werden wir weniger. Wir vernichten, was wir sind, wenn wir die Natur vernichten... Daß dem so ist, müssen wir erkennen, weil es ja unser Denken ist, nicht einfach die Seele, sondern die Vernunftseele, die uns von allem anderen unterscheidet. Die Gemeinsamkeit, die Kommunion der Geschöpfe nicht wahrzunehmen ist darum gerade der Beweis, daß wir weit hinter dem zurückbleiben, was wir sind.

Wieder steht das große Vergessen vor uns, das uns ganz allgemein überfallen hat. Gott muß uns von neuem sagen, was der Kern seiner Offenbarung ist: Liebe und Zuwendung. Er muß uns erlösen vom Gesetz, von den Zwängen und Mechanismen, die sich unter den Menschen eingespielt haben, auch von einer falsch verstandenen Religion, die – statt zu befreien – die Zwänge und Gesetze, Forderungen und Mechanismen, Last und Notwendigkeit ins Unendliche steigert.

Vergiss nicht Mensch

Vergiß nicht – Mensch
Du gehst auf der Erde
Die Erde hat ein Gesetz:
Kommen und Gehen, Werden und Vergehen
Das Gesetz gilt auch dir:
Kaum geboren, gehörst du dem Tod
der unaufhaltsam, schrittweise auf dich zukommt
Vergiß nicht, Mensch
Du gehst auf der Erde
wie der, der das Gesetz durchbricht
deinetwegen –
im Vergehen Neubeginn
Leben im Tod
Leben, Leben – dir zugesagt

Vergiß nicht, Mensch
Du gehst auf der Erde.
Die Erde hat ein Gesetz:
Fressen und Gefressenwerden, alle Macht den Stärkeren
Du gehörst dazu – mal Schlächter, mal Opfer
Vergiß nicht, Mensch
Du gehörst zur Erde
Wie der, der das Gesetz durchbricht
Deinetwegen
Gibt er den Mantel
Wenn du ihn um das Hemd bittest
Geht auch die letzte Meile mit

Vergiß nicht, Mensch
Du gehst mit den Menschen
Die Menschen haben ein Gesetz:
Jeder ist sich selbst der Nächste

Wie du mir, so ich dir
Nach diesem Gesetz
Müssen alle sterben
die sich nicht beugen
Vergiß nicht, Mensch
du bist einer von ihnen
Wie der, der zum Lamm wurde
Stumm auf der Schlachtbank
Hier, sagt er, mein Gesetz ist nichts als Befreiung
Nehmt mich, zerbrecht mich, zerteilt mich
Ich bin für euer Leben
Vergiß nicht, Mensch
Ihm bist du ähnlich
Elisabeth Bernet

So gehen wir – erneut in Schweigen – den Weg weiter, bis wir zu einer Straße kommen, die sozusagen im rechten Winkel zu der steht, die wir gekommen sind. Wir gehen rechts hinunter und kommen dann zu einem bewohnten Hügel. Die Straße, an denen die Häuser liegen, heißt bezeichnenderweise „*Via del Paradiso*". Was für eine Perspektive ergibt sich dem, der sich dem befreienden Wirken Gottes überläßt!

Dort drüben ist *Sant' Elia,* wo sich das befreiende Wirken Gottes selbst an Rindern auswirken konnte – durch das Badewasser, das erfinderische Brüder dem Bruder Franziskus abgenommen haben.

DIE GEHEILTEN RINDER

In der Zeit, als Franziskus in seiner Einsiedelei in *Fonte Colombo* weilte, brach in der Nachbarschaft, in der Gegend von *Castel Sant' Elia* eine Rinderepidemie aus, von der sich kein einziges Rind erholen konnte. Die kranken Rinder mußten sterben.

In einer Nacht wurde einem Mann aus dem Burgdorf im Traum gesagt: „Geh in die Einsiedelei, in der Franziskus weilt, und besorg dir das Wasser, in dem sich Franziskus die Hände und die Füße gewaschen hat, und besprenge damit die Rinder. Sie werden genesen." Der Mann erhob sich in der Frühe, ging zur Einsiedelei und erzählte alles den Gefährten des heiligen Franz. Zur Essenszeit gossen diese dann das Wasser, in dem Franziskus seine Hände gewaschen hatte, in ein Gefäß, und am Abend baten sie ihn, daß er sich die Füße waschen lasse, sagten ihm aber nicht den Grund, warum sie das taten. Dann gaben sie dem Mann das Hände- und Fußwasser des heiligen Franz. Dieser trug es weg und sprengte es – wie Weihwasser – über die Rinderherde, über jene, die schon halbtot waren, und über alle anderen. Sofort waren alle frei von der Epidemie, durch die Gnade Gottes und die Verdienste des heiligen Franz: Zu jener Zeit hatte nämlich der heilige Franz bereits die Wundmale an den Händen und an den Füßen und an der Seite.

TsP 94

Fonte Colombo

Nach insgesamt etwa zweieinhalb Stunden kommen wir ans Ziel, das wir uns gesetzt haben: zur *Einsiedelei Fonte Colombo,* dem franziskanischen Sinai, wie man den Ort auch genannt hat, weil Franziskus hier seine Regel geschrieben hat.

Welch schöner Name: Quelle und Taube! Worte, die Hoffnung und Zuversicht anzeigen. Eine Frau, die Colomba, Taube, geheißen hätte, soll Franziskus diesen Ort geschenkt

Fonte Colombo: Kreuzgang

haben. Kann sein, aber vielleicht haben auch die Tauben und das Wasser genügt, um Franziskus an diesen Ort zu locken, der fünf Kilometer von Rieti entfernt liegt. Auf jeden Fall hat

Franziskus den Ort nach seiner Lust und Laune umgetauft: „Taubenquelle" klingt für ihn besser als „Rainersberg", wie man vor 1217 diesen Ort nannte, dem Jahr, als Franziskus zum ersten Mal hierher gekommen ist. Franziskus prägt die Orte, an denen er vorübergehend verweilt, auf eine Weise, daß sie aufhören, auf den Besitzer zu verweisen und ein eigenes Gewicht bekommen. Die Namensänderung ist eine symbolische Geste, die auf etwas viel Tieferes hinweist.

Hierher, an die Quelle also, zog sich Franziskus zurück, um seine Regel zu schreiben. Es braucht viel Meditation, Hören, ständiges Betrachten, damit aus dieser Regel nicht wieder ein tödliches Gesetz wird. Die Regel will – wie das Evangelium, das sie übersetzen und zusammenfassen will – nur Wahrheit und Leben stiften. *Hier, in Fonte Colombo,* hat Franziskus um diese Wahrheit und um dieses Leben gerungen – zusammen mit Brüdern, die ihm dabei halfen. Kein Wunder, daß Franziskus in seinen Schriften bloß sechsundzwanzigmal das Wort „Regel", aber über achtzigmal das Wort „Leben" gebraucht. So etwas kann man nur bei den Quellen und bei den Tauben lernen. – Wir werden mit einem einladenden Willkommensgruß am Eingang empfangen.

Gott gebe Dir Frieden

Gott gebe Dir Frieden!
Gott weiß alles:
Such das Schweigen
und hör seine Stimme!
Auch du kannst ihm begegnen:
Er ist hier,
um dir sein Antlitz zu zeigen.

Inschrift am Eingang zur Einsiedelei von Fonte Colombo

Überall findet man Inschriften, die eigentlich alles erklären. Wer lesen kann, braucht kaum einen Führer. „Hier, an diesem Ort, schrieb Franziskus 1223 die Regel der Minderen Brüder, nachdem er vorher 40 Tage und 40 Nächte gefastet und gebetet hatte. 1225 unterzog er sich hier einer Augenoperation, wobei er Gott freudig die dabei erlittenen Schmerzen anbot."

Die Regel

Als sich Franziskus im Jahre 1209 unerwartet und plötzlich Brüder anschließen, die genauso wie er das Leben gestalten wollen, begiebt er sich mit ihnen in die Kirche des heiligen Nikolaus an der Piazza Communale von Assisi. Da finden sie die sinnstiftenden und tragenden Worte für ihr gemeinsames Leben. Als sie dann zwölf sind, wird sich Franziskus bewußt, daß sie eine heilige Zahl erreicht haben: die Zahl der zwölf Stämme Israels, welche Gottes Handeln in der Welt ansichtig machen sollten; die Zahl der zwölf Apostel, welche die Frohe Botschaft in die ganze Welt getragen haben. So geht er mit ihnen nach Rom mit einem Zettel, auf dem er die wichtigsten Bibelstellen aufgezeichnet hat, die das gemeinsame Leben bestimmen sollen. Er fügte ganz wenige Sätze hinzu, um gewisse Alltagsprobleme zu regeln. Mehr nicht! Franziskus formuliert nicht Gesetze aus lauter Freude. Das Leben selbst soll die Regel sein; eine Regel aber darf das Leben nicht behindern.

Dieser Zettel wurde von Papst Innozenz III. mündlich angenommen. Im Laufe der Zeit kamen jedoch viele Kapitel hinzu: Positive Erfahrungen wurden zur geistlichen Perspektive erhoben, für negative Erfahrungen Warntafeln aufgestellt, neue Bedürfnisse immer dann geregelt, wenn sie sich einstellten; alles wurde jeweils in die Regel eingefügt. 1221 war der Text so lang geworden, daß er untragbar geworden war, sowohl für die internen Bedürfnisse der Bruderschaft als auch für die Gesetzesfreudigkeit der Römischen Kirche.

Schon vorher traten innerhalb der Bruderschaft Tendenzen auf, welche Franziskus zwingen wollten, seine lebensfreundliche und freiheitliche Regel den traditionellen Regeln anzupassen. Bezeichnenderweise waren es Brüder, die eine größere Strenge und mehr an Gesetzen ablesbare Klarheit erreichen wollten. Franziskus setzte ihnen sein Nein entgegen mit einer Leidenschaft, die viele ins Staunen versetzen mag. Er will das Leben nach dem Evangelium, nicht Strenge, Observanz und Gesetz.

Keine andere Regel!

Als der selige Franziskus bei Santa Maria della Porziuncola auf dem Generalkapitel war, dem sogenannten „Mattenkapitel", an dem 5000 Brüder teilnahmen, sagten viele weise und gelehrte Brüder zum Herrn Kardinal, dem späteren Papst Gregor, der ebenfalls am Kapitel war, er solle den seligen Franziskus überzeugen, dem Rat der genannten weisen Brüder zu folgen und sich von ihnen führen zu lassen. Sie brachten (als Maßstab für die neue Regel) die Regeln des seligen Benedikt, des seligen Augustinus und des seligen Bernhard, die alles haargenau vorschreiben, was das Ordensleben betrifft.

Der selige Franziskus hörte sich die diesbezügliche Ermahnung des Kardinals an. Dann nahm er ihn bei der Hand und führte ihn vor die versammelten Brüder und sprach: „Meine Brüder, meine Brüder, Gott hat mich auf den Weg der Einfachheit gerufen und mir den Weg der Einfachheit gezeigt. Ich will nicht, daß ihr mir irgendeine Regel nennt,

weder die des heiligen Augustinus noch die des heiligen
Bernhard noch die des heiligen Benedikt. Der Herr hat mir
gesagt, er wolle, daß ich ein neuer Narr sei in der Welt. Der
Herr will uns auf keinen anderen Weg führen als auf den meiner „Wissenschaft". Gott wird euch durch eure Wissenschaft
und Weisheit zuschanden machen. Ich vertraue den Polizisten des Herrn (= den bösen Erfahrungen des Lebens).
Durch sie wird er euch strafen. Und zu eurer Schande werdet ihr zurückkehren zu eurem Stand, ob ihr wollt oder
nicht."

Der Kardinal war sprachlos und verblüfft. Und alle Brüder
fürchteten sich.

TsP 18

Franziskus wehrt das Verlangen gesetzesfreudiger Brüder ab.
Dennoch bleibt das Verlangen der Kirche nach einem durchsichtigeren Text. Auf Befehl des Kardinals Hugolin zieht sich
Franziskus auf seinen „Sinai" zurück, nach Fonte Colombo,
und schreibt hier seine Regel.

Immer wieder taucht das Märchen auf, Bruder Elias und
ihm ergebene Brüder hätten die da entstandene Regel verschwinden lassen, weil sie ihnen zu streng gewesen sei. Doch
das ist nichts anderes als eine böswillige Unterstellung. Überhaupt muß Bruder Elias für vieles hinhalten, wofür er keine
Schuld trägt. Auch die Geschichte, daß die Brüder gegen
diese Regel gemurrt hätten, dürfte der Phantasie einer späteren Zeit entsprungen sein.

Zu strenge Regel?

Keine Deutelei!
Nachdem die erste Regel, die der selige Franziskus verfaßt hatte, verloren war, stieg er mit Bruder Leo von Assisi und Bruder Bonitius von Bologna auf einen Berg, um eine andere Regel zu verfassen, die er auf Christi Geheiß aufschreiben ließ.

Es waren aber bei Bruder Elias, dem Vikar des seligen Franziskus, mehrere Provinzialminister versammelt, und sie sprachen zu ihm: „Wir haben gehört, daß der Bruder Franziskus eine neue Regel verfaßt, und wir fürchten, er werde sie so streng machen, daß wir sie nicht zu befolgen vermögen. Wir wünschen also, daß du hingehest zu ihm und ihm sagst, daß wir auf diese Regel nicht verpflichtet sein wollen. Er soll sie für sich und nicht für uns machen." Bruder Elias erwiderte ihnen, daß er nicht gehen wolle, denn er fürchtete den Tadel des seligen Franziskus. Als aber jene ihm zusetzten, er möge doch gehen, da sagte er, er werde nur mit ihnen hingehen. Und so gingen sie alle zusammen.

Als Bruder Elias dem Ort nahe war, wo der selige Franziskus stand, rief er ihn. Der selige Franziskus aber sah die erwähnten Provinzialminister, erwiderte ihm und sprach: „Was wollen diese Brüder?" Und Bruder Elias sagte: „Das sind die Provinzialminister, die gehört haben, daß du eine neue Regel machst; und weil sie fürchten, du werdest sie allzu streng machen, widersprechen sie dir und weigern sich, denn sie wollen auf diese Regel nicht verpflichtet sein. Du sollst sie für dich machen und nicht für sie."

Da wandte der selige Franziskus sein Angesicht zum Himmel, und also sprach er zu Christus: „Herr, habe ich dich nicht gepriesen dafür, daß diese nicht an mich glaubten?" Da hörten alle die Stimme Christi aus der Höhe antworten: „Franziskus, nichts aus deiner Regel stammt von dir, sondern alles ist mein, was darin ist; und ich will, daß diese Regel also befolgt werde: auf den Buchstaben, auf den Buchstaben, auf den Buchstaben; ohne Deutelei, ohne Deutelei, ohne Deutelei." Und er fügte hinzu: „Ich weiß, was die menschliche Schwachheit vermag, und ich will ihnen helfen. Wer aber die Regel nicht befolgen will, der soll den Orden verlassen."

Da wandte sich der selige Franziskus zu jenen Brüdern und sprach zu ihnen: „Ihr habt es gehört! Ihr habt es gehört! Wollt ihr, daß ich den Herrn abermals zu euch sprechen lasse?" Da nahmen die Provinzialminister die Schuld auf sich und zogen sich erschrocken zurück.

Spiegel der Vollkommenheit 1

Diese Geschichten weisen auf eine spätere Zeit hin, wo man die Regel als Gesetz hinstellte, das man Wort für Wort zu befolgen hätte. Noch im 20. Jahrhundert teilte man übrigens die Regel ein in Verbote, Gebote und Erlaubnisse, und jeder Punkt dieser Einteilung enthielt nochmals die unterschiedlichsten Unterpunkte. Die Regel erlitt das gleiche Schicksal wie das Evangelium: Gesetz und nochmals Gesetz, aber keinerlei Perspektive; Gebot und nochmals Gebot, aber nirgendwo ein Aufschwung, keine faszinierende Dynamik! Als ob die Welt das bräuchte und nicht schon genug hätte an den eigenen Zwängen.

Die Regel, die Franziskus verfaßt, will Evangelium sein, frohmachende Botschaft, „das Buch des Lebens, die Hoffnung auf das Heil, das Unterpfand der Seligkeit, das Mark des Evangeliums, der Weg des Kreuzes, der Aufstieg zur Heiligkeit, der Schlüssel zum Paradiese und das Siegel des ewigen Bundes", auf jeden Fall nahrhaftes Brot, Lebensbrot, „Hostie".

Mark des Evangeliums

Der selige Franziskus war mit vollendetem und glühendem Eifer bemüht, das heilige Evangelium zu befolgen und sich zu unserer Regel zu bekennen, welche nichts anderes will, als die vollkommene Nachfolge des Evangeliums; und er schenkte denen, die jetzt und künftig diese Nachfolge erstreben, seinen besonderen Segen.

Denn er sagte, unsere Regel sei für die, welche ihr nachfolgten, das Buch des Lebens, die Hoffnung auf das Heil, das Unterpfand der Seligkeit, das Mark des Evangeliums, der Weg des Kreuzes, der Aufstieg zur Heiligkeit, der Schlüssel zum Paradiese und das Siegel des ewigen Bundes. Er wollte, daß sie von allen eingehalten werde, daß alle sie genau kennten, und daß die Brüder in ihren Gesprächen, die sie miteinander führten, um ihre Schwermut zu beheben, oft von ihrem Gelübde sprächen; und zum Angedenken an den geleisteten Schwur sollten sie recht oft mit ihrem Geiste über diesen Schwur Zwiesprache halten.

Er lehrte sie auch, stets an ihr Gelübde zu denken, zur Ermahnung und Erinnerung an ihre Lebensführung und an die pflichtgemäße Einhaltung der Regel; und was mehr ist, er belehrte die Brüder, daß sie mit ihrem Gelübde sterben müßten.

Spiegel der Vollkommenheit 76

Nahrhaftes Brot

Da sich nun der Orden ausbreitete, beschloß Franziskus, die von Papst Innozenz gutgeheißene Lebensform durch seinen Nachfolger Honorius für alle Zeit bestätigen zu lassen. Dazu wurde er durch eine Offenbarung Gottes aufgefordert. Es kam ihm vor, er lese vom Boden ganz kleine Brotkrumen auf und müsse sie den hungrigen Brüdern, die ihn umstanden, zu essen geben. Da er aber fürchtete, die Brosamen könnten seiner Hand entfallen, wenn er sie austeile, sprach eine Stimme vom Himmel zu ihm: „Franziskus, mach aus all diesen Brosamen eine Hostie und verteile sie unter jene, die davon genießen wollen!" Das tat er auch. Wer jedoch ohne Andacht davon aß oder die empfangene Gabe verachtete, wurde bald durch Anzeichen von Aussatz sichtlich geschlagen.

Am anderen Morgen erzählte der Heilige seinen Brüdern alles und bedauerte nur, daß er den geheimnisvollen Sinn des Geschauten nicht verstehe. Als er jedoch am folgenden Tag in wachem Zustand dem Gebete oblag, hörte er, wie vom Himmel her eine Stimme also zu ihm sprach: „Franziskus, die Brosamen, die du in der letzten Nacht geschaut hast, versinnbildlichen die Worte des Evangeliums, die Hostie die Regel und der Aussatz die Bosheit."

Bon 4,11

All diese Bilder wollen nur eines sagen: Die Regel will nichts anderes sein als befreiendes Leben. Sie will befreien von einem strengen und gesetzlichen Verständnis. Deswegen werden in Fonte Colombo die alten Mythen wieder wach: die Jakobsleiter, auf der der Himmel auf die Erde herunterkommt und die Erde in den Himmel steigt; Mose, der auf dem Berg erschüttert wird vom Geheimnis der befreienden Gegenwart Gottes und zurückkommt mit der Botschaft, daß Gott sich in einem ewigen Liebesbund mit den Menschen verbinden will; Christus, der in einer Eiche erscheint und die Regel diktiert und dann bestätigt: „Franziskus, nichts in der Regel ist von dir; alles, was drin steht, ist von mir."

Alle sollen kommen

Alle sollen mit Andacht kommen
zu diesem heiligen Berg Gottes!
Alle sollen das heilige Haus
des mystischen Jakob verehren,
das die Straße zum Himmel weist!
Alle sollen mit Demut kommen
und mit besonderer Aufmerksamkeit
wie Papst Sixtus IV.
Barfuß kam er,
zusammen mit Kardinälen
und anderen aus seinem Haus.
Ohne Rücksicht auf seine Heiligkeit
stieg er zur Höhle hinunter.
Wo der Serafim im Fleisch
zu beten pflegte,
vergoß er Tränen (des Glücks)
und rief:
Hier ist der Ort,
an dem das evangelische Leben erneuert wird.
Hier ist die Regel der Minderen Brüder gegeben worden.

Inschrift am Ort, an dem Franziskus die Regel schrieb

Wir sehen: Man ist sich an diesem Ort bewußt, daß Gott Offenbarung ist, Beziehung, Zuwendung, Liebe. Alle können in diese Ur-Erfahrung hineinwachsen, welche sich im Traum Jakobs, im Gipfelerlebnis des Mose und in der Christusbegegnung des Franziskus gezeigt hat. Gott will für alle der Himmel auf Erden sein, der liebende Partner, nahrhaftes, lebendiges Brot.

Freilich mutet es etwas komisch an, wenn man dem Franziskanerpapst Sixtus IV. ein Kränzchen windet, weil er barfuß und „ungeachtet seiner Heiligkeit" hierher pilgerte. Müßte es nicht gerade andersherum sein: Gerade der, der „Christus vertritt", muß sich erdnah geben und barfuß durch die Welt pilgern. Das päpstliche Amt, die kirchliche Hierarchie, jedwede Institution, jeder Mensch, welchen Ranges er auch sei, müßte sich von der Offenbarung des lebendigen Gottes ganz anders verstehen und sich ganz und gar in den Dienst des Lebens stellen – und nicht des Gesetzes. Und er dürfte keinerlei Zwang mehr ausüben; die Freiheit der Kinder Gottes müßte Ausgangspunkt und Ziel jeder amtlichen Tätigkeit sein.

Es dürfte selbstverständlich sein, daß ein solcher Ort immer wieder zu neuem Leben aufruft, wenn man sich nur genügend zu öffnen weiß. Tatsächlich ist ja auch die italienische Reform des Franziskanerordens von diesem Ort – und von Greccio – ausgegangen. In Fonte Colombo werden Briefe

Fonte Colombo: Kreuzgang

gezeigt, welche von diesem Neuanfang zeugen. Ob er gelungen ist? Ob nicht vielmehr wiederum das Grundmißverständnis deutlich wurde? Zu sehr bindet man das Leben an Buchstaben, an Gesetze und Texte. Der Fundamentalismus schaut einem aus allen Ecken und Enden entgegen, gerade bei denen, die sich „Observanten" oder gar „Brüder von der strengen Observanz" nennen. Das Evangelium, das befreite Leben, die Gelöstheit, die von einem Gott ausgeht, der sich offenbart, kommt gerade auch bei diesen an sich großartigen Reformern zu kurz.

Die Augenkrankheit

Ein zweites Ereignis im Leben des heiligen Franz ist an diesen Ort gebunden: die sogenannte Kauterisation.

Franziskus hatte sich 1219 in Ägypten eine Augeninfektion geholt, ein Trachom, eine schmerzhafte Entzündung der Bindehaut. Sie machte ihn nicht nur äußerst lichtempfindlich, sondern mit der Zeit auch nahezu blind. Die Brüder erhofften sich von allen möglichen Ärzten Linderung oder gar Heilung. So brachten sie ihn – vergeblich – nach Siena und 1225 auch hierher, wo er sich von einem Arzt aus Rieti einer schmerzhaften Operation unterziehen sollte. Mit glühenden Eisen sollten ihm die Schläfen ausgebrannt werden.

In diesem Zusammenhang werden schöne Anekdoten überliefert: Franziskus bittet das Feuer um Höflichkeit, da er ja immer höflich zu ihm gewesen sei. Er ist dem Feuer ganz allgemein ein Gentleman und begegnet ihm mit großer Ehrfurcht. Im gleichen Geist wirkt er auch ein Wunder, damit der kärglich gedeckte Tisch zum Dank werden konnte für den Arzt, der sich alle Mühe gab – und nichts erreichte.

Die Höflichkeit des Feuers

Als die günstige Zeit zur Pflege der Augenkrankheit gekommen war, verließ der selige Franziskus San Damiano. Weil seine Augen sehr krank waren, trug er über dem Kopf eine große Kapuze, die die Brüder ihm gemacht hatten, und ein mit der Kapuze zugeschnittenes Tuch aus Wolle und Flachs vor den Augen. Denn er konnte nicht in das Tageslicht blicken und nicht sehen, so groß waren die Schmerzen, die ihm seine Augenkrankheit verursachte. Seine Gefährten führten ihn zu Pferd zur Einsiedelei Fonte Colombo nahe bei Rieti, um den Arzt von Rieti zu konsultieren, der Augenkrankheiten zu heilen verstand.

Als der Arzt ankam, sagte er dem seligen Franziskus, er wolle ihn seitlich über der Wange bis zur Braue des kränkeren Auges ausbrennen. Aber der selige Franziskus wollte mit dem Eingriff nicht beginnen, bevor Bruder Elias gekommen war...

Der Arzt brachte ein Eisen, mit dem er bei Augenkrankheiten die Seite ausbrannte. Er ließ ein Feuer machen, um das Eisen zu erhitzen. Nachdem das Feuer angezündet war, legte er das Eisen hinein. Um seinen Geist zu stärken und sich nicht zu entsetzen, sagte der selige Franziskus zum Feuer: „Mein Bruder Feuer, vornehm und nützlich unter allen Geschöpfen, die der Höchste geschaffen hat, du sollst mir höflich sein in dieser Stunde. Denn einst liebte ich dich, und ich werde dich noch weiter lieben in der Liebe jenes Herrn, der dich geschaffen hat. Ich flehe auch unseren Schöpfer an, der dich geschaffen hat, daß er deine Hitze so mäßige, daß ich sie ertragen kann." Und nach dem Gebet bezeichnete er das Feuer mit dem Zeichen des Kreuzes.

Wir aber, die wir mit ihm waren, flohen alle aus Erbarmen und Mitleid mit ihm, nur der Arzt blieb bei ihm. Nach dem Ausbrennen kehrten wir dann zu Franziskus zurück. Er sagte uns: „Kleinmütige und Schwachgläubige, warum seid ihr geflohen? In Wahrheit sage ich euch, daß ich keinen Schmerz spürte und auch nicht die Hitze des Feuers. Im Gegenteil, wenn nicht gut ausgebrannt ist, kann noch besser ausgebrannt werden."

Der Arzt wunderte sich deshalb sehr, er hielt es für ein großes Wunder, daß Franziskus sich überhaupt nicht bewegt hatte. Er sagte: „Meine Brüder, ich sage euch: Nicht nur einer, der schwach und krank ist, sondern auch jemand, der stark wäre und körperlich gesund, fürchte ich, könnte eine so große Ausbrennung nicht ertragen, ich habe es erlebt." Die Ausbrennung dauerte lang, sie begann unter dem Ohr bis zur Augenbraue. Während Jahren floß viel Eiter Tag und Nacht zu den Augen hinab. Daher mußten gemäß dem Rat jenes Arztes alle Venen vom Ohr bis zur Augenbraue abgetötet werden. Andere Ärzte rieten von einer solchen Operation ab, weil sie nichts nütze, und sie hatten recht. Ein anderer Arzt durchbohrte ihm beide Ohren, aber auch das nützte nichts.

TsP 86

DAS FEUER

Es ist nicht verwunderlich, wenn das Feuer und alle anderen Geschöpfe Franziskus verehrten. Denn wie wir, die wir mit ihm waren, gesehen haben, liebte und verehrte er sie mit so großer, liebevoller Zuneigung. Und er wurde durch sie so sehr erfreut, und sein Geist wurde ihretwegen von so großer Zärtlichkeit und so großem Mitleid bewegt, daß er verstört war, wenn einer sie mißhandelte. Er sprach in innerer und äußerer Freude so mit ihnen, wie wenn sie Gott spürten, begriffen und von ihm redeten, so daß er oft durch solche Gelegenheit zur Kontemplation Gottes weggerissen wurde.

Einmal, als er sich hinunterbeugte über das Feuer, ergriff das Feuer seine Kleider aus Linnen über den Beinen, ohne daß er es bemerkte. Als er die Hitze des Feuers spürte und sein Gefährte sah, daß das Feuer seine Kleider verbrannte, lief er herbei und wollte es löschen. – Der selige Franziskus sagte zu ihm: „Liebster Bruder, tu dem Bruder Feuer nicht weh." Und so erlaubte er dem Bruder nicht, daß er es auf irgendeine Weise lösche. Jener aber ging sofort zum Bruder, der Guardian war, und führte ihn zu ihm, und so begann er es zu löschen, obwohl es der selige Franziskus nicht wollte.

Franziskus wollte nämlich nicht einmal eine Kerze oder eine Lampe oder ein Feuer löschen, wie man es gewöhnlich tut, wenn es nötig ist. Er wurde von so großer Zärtlichkeit und Liebe ihm gegenüber bewegt. Er wollte auch nicht, daß ein Bruder Feuer oder brennendes Holz wegwarf, wie es oft getan wird. Vielmehr wollte er, daß er es ganz auf den Boden lege, aus Ehrfurcht gegenüber jenem, dessen Geschöpf es ist.

TsP 86

Der unerwartet reiche Tisch

Als sich der selige Mann in einer Einsiedelei bei Rieti aufhielt, besuchte ihn täglich der Arzt, um seine Augen zu pflegen. Eines Tages aber sagte der Heilige zu den Seinen: „Ladet den Arzt ein und gebt ihm das Beste zu essen." Der Guardian antwortete ihm: „Vater, zu unserer Schande sagen wir es: Wir schämen uns, ihn einzuladen, so arm wie wir jetzt sind." Der Heilige antwortete: „Warum muß ich es ein zweites Mal sagen?" Der Arzt, der dabei stand, sagte: „Und ich, liebste Brüder, werde euren Mangel für Leckerbissen halten." Die Brüder beeilten sich und legten den ganzen Vorrat des Kellermeisters auf den Tisch, das heißt, ein wenig Brot, nicht viel

Wein, und, um noch vornehmer zu essen, schickte der Koch ein wenig Gemüse.

Inzwischen hatte der Tisch des Herrn Mitleid mit dem Tisch der Knechte. Es wurde an die Tür geklopft, und man eilte sofort hinzu. Und siehe, eine Frau brachte einen Korb voll schönem Brot, Fischen, Hummerpastete, angereichert mit Honig und Trauben.

Bei diesem Anblick jubelte der Tisch der Armen. Sie bewahrten das Geringe auf für den nächsten Tag, und das Köstliche wurde heute genossen. Der Arzt aber seufzte und sagte: „Nicht einmal ihr, Brüder, erkennt die Heiligkeit dieses Mannes, wie ihr solltet, geschweige denn wir Weltleute." Als sie schließlich satt waren, waren sie es mehr durch das Wunder als durch das Essen.

So wendet jenes väterliche Auge keineswegs den Blick von den Seinen. Er nährt die Bettler mit um so größerer Aufmerksamkeit, je größer ihr Mangel ist. Der Tisch der Armen ist reicher gedeckt als der des Fürsten in dem Maße, als Gott im Geben verschwenderischer ist als der Mensch.

2 Cel 44

Was es zu sehen gibt

Die Kirche und das Kloster mit dem wunderbaren Kreuzgang sind natürlich späteren Datums. 1450 wurde die Kirche vom berühmten deutschen Kardinal Nikolaus von Cues geweiht, einem Theologen, dessen Gedankengut bis heute nicht ausgeschöpft ist und der uns etwas sagen könnte zum „Zusammenfallen der Gegensätze", zu einem friedvollen Zusammenleben der Völker, zur Menschwerdung des Menschen und zu einer wahrhaft menschlichen Religion. Diese Kirche erinnert durch vielerlei Zeichen an das, was an diesem Ort

Fonte Colombo: Kirche und Kloster

geschehen ist: moderne Glasfenster und darauf Tauben, Rotkehlchen, Franziskus und das Feuer, die Weihnachtsfeier von Greccio…; eine seitlich in die Wand eingelassene Holzschnitzerei aus dem 17. Jahrhundert mit Christus, der Franziskus die Regel diktiert; eine vergrößerte Fotokopie der Regel von 1223. Und anderes.

Die Kirche hat also noch nicht existiert, als Franziskus von 1217 an in regelmäßigen Abständen hier Einkehr hielt. Gehen wir also zu den eigentlichen Orten, an denen sich der Geist des lebendigen Gottes verkörpert hat. Da ist zuerst hinten *im Freien die Magdalenakapelle,* die Franziskus hier vorfand und die dem Benediktinerkloster von Farfa gehörte. Sie trägt den Namen jener Frau, welche als Leitbild galt für ein Leben, das ganz dem Geheimnis Jesu zugetan war: Magdalena, die eigentlich in allen franziskanischen Eremitorien verehrt wurde. Drinnen ein Bild Marias mit der Inschrift: „Franziskus umgab mit unaussprechlicher Liebe die Mutter Gottes. Sie hat uns als Bruder gegeben den Herrn der Herrlichkeit. Er besang sie mit besonderen Liedern von solcher Art, daß sie mit menschlicher Zunge nicht ausgesagt werden können." An der Wand steht auch das Tau, das Franziskus selbst noch gezeichnet haben soll, das biblische Zeichen der auserwählenden Liebe Gottes, ein Hinweis auf das Kreuz, durch das wir gerettet sind. Wir sehen einige alte Fresken verschiedener Heiliger: Cäcilias, Kunigundes und anderer sowie ein jüngeres Bild der heiligen Klara.

Wenn wir die Stiege hinuntersteigen (an der Wand entlang befindet sich eine Darstellung des Kreuzweges aus dem 18. Jahrhundert), kommen wir zur Höhle, in der sich Bruder Leo aufgehalten hat, und daneben zu einem kleinen Gehäuse, das die Reste jener Eiche birgt, von der herunter Christus die Regel diktiert haben soll. Bis ins 16. Jahrhundert soll sie da gestanden haben, bis sie unter der Last des Schnees zusammenbrach. Aus ihrem Holz hätte dann Bruder Johannes von Pisa die Holzschnitzerei gefertigt, die wir eben in der Kirche bewundert haben.

Gleich nachher treten wir in die *Michaelskapelle* ein, an deren Tür die bereits erwähnte Inschrift über Sixtus IV., der mit seinem ganzen Hofstaat barfuß zum Ort hinunterstieg, an dem Franziskus, „der Seraph im Fleisch", betete, bevor er die Regel schrieb. „Seraphim" – das sind jene vom Feuer Gottes entflammte Wesen, die nur eines kennen: Liebe. Die Kapelle steht über der Höhle, dem eigentlichen Ort des Geschehens.

Fonte Colombo: Kapelle der hl. Maria Magdalena

Höhlen werden wir übrigens noch öfter, ja eigentlich überall antreffen, wohin wir kommen. Franziskus ist ohne Höhle undenkbar. Er mußte sich immer wieder in das Innere der Erde zurückziehen, in den „Mutterschoß", aus dem alles Leben kommt, in die Materie, aus der alles beschaffen ist.

Höhlen und Felsen

Franziskus schlief auf Felsen,
und zwischen den Felsen
suchte er die Einsamkeit,
in den Felshöhlen
versteckte er sich, um zu beten.
Der Fels war für ihn
Symbol absoluter Armut.

G. Pampaloni

Wir steigen die Stiege wieder hinauf. Seitlich an der Klostermauer führt eine Türe zu einigen Räumen, vorbei an verschiedenen Reliefs, an denen ersichtlich ist, wie es an diesem Ort früher einmal war, und an einem eindrücklichen Franziskusbild aus dem 17. Jahrhundert. In einem der Räume soll die Kauterisation stattgefunden haben, in einem andern werden die Briefe gezeigt, welche die franziskanische Reform, die hier ihren Anfang nahm, in Erinnerung rufen.

Man vergesse nicht, vom Vorplatz aus die Stiege hinunterzugehen, an verschiedenen Kapellen vorbei – zur Quelle, aus der das Wasser rinnt: Zeichen dafür, daß es bei Franziskus und auch bei uns allen um fließendes Leben geht – und um Frieden, der seit jeher in den Tauben sein universales Zeichen hat.

4
Poggio Bustone
Überwindung der Angst und Weite der Welt

Wir haben es gewiß noch nicht wirklich begriffen, daß Gott Licht, Liebe, Leben ist. Selbst wenn der Kopf es einsieht, das Herz klagt uns immer noch an; das Gewissen meldet sich noch lange; die Seele bleibt unruhig. Es sind noch weite Wege zu gehen, bis die inneren Stimmen verstummen, die

Blick auf Poggio Bustone

uns angst machen, und wir erkennen, daß Gott größer ist als unser Herz. Angst bleibt unsere ständige Begleiterin: Angst vor diesem und jenem, vor allem aber um unsere Zukunft, um unser ewiges Heil.

Auch Franziskus mußte diese Wege gehen. Am Ende eines solchen Weges stand *Poggio Bustone,* ein kleiner Ort, der etwa 20 Kilometer von Rieti entfernt an einem Berghang klebt. Hier zieht jedes Jahr am 4. Oktober früh morgens ein als Pilger verkleideter Mann von Haus zu Haus. Vor jeder Tür bleibt er stehen und klopft an; der Hausherr öffnet die Tür und tritt auf die Schwelle. Der Pilger ruft ihm dann laut und deutlich zu: „Buon giorno, buona gente! Guten Tag, gute Leute!" – gerade so, als ob Franziskus selber es sagen würde. Der Hausherr erwidert ebenso laut und deutlich: „Buon Giorno!"

Schon früh kam Franziskus mit diesem Gruß an diesen Ort, möglicherweise schon 1208/09, also noch vor seinem Gang nach Rom, wo er die kirchliche Anerkennung seiner Bruderschaft suchte.

Poggio Bustone wird ihm zum Ort der Offenbarung, hier erlebt er die Stunde der Wahrheit. Denn hier, ein wenig oberhalb des Klosters San Giacomo, durchlebt er in einer Einsiedelei, die heute noch besteht, Gewissensbisse und Seelennot: Er fühlt sich hoffnungslos verstrickt in die Ausweglosigkeit menschlicher Schuld, erdrückt durch die Last seiner Verfehlungen, eingekerkert in das Gefängnis des eigenen Ichs. Wer glaubt, alles leisten zu müssen und für alles verantwortlich zu sein, gerät an den Rand der Verzweiflung. Doch plötzlich durchdringt ein Engel die dicken Mauern und ein Licht die dunkle Nacht: Da gibt es doch nicht nur die Welt, nicht nur den Menschen, nicht nur ihn, Franziskus, nein, da gibt es doch vor allem Gott, IHN, der gesagt hat: Ich bin da! Da fallen durch die Macht der göttlichen Vergebung alle Fesseln von der Seele. Stunde der Wahrheit.

Geschichten

Wir setzen uns in die Kirche, werden still, um die Geschichten zu vernehmen, deren Geist an diesen Ort gebunden ist: die Geschichte über die Art und Weise, wie er die Menschen begrüßt hat: „gute Leute!" Welche Anrede! Ohne zu prüfen, einfach so, mit einem Vor-Urteil im positiven Sinn: gute Leute! „Voreiligkeit der Liebe" ist das, um es mit den Worten Fulbert Steffenskys zu sagen. Denn weiß Franziskus, wer da vor ihm steht? Nein, er weiß es nicht. Aber er glaubt, daß er „ins Leben ruft, was noch nicht ist" (Steffensky). Die Leute werden gut, wenn jemand kommt und sie so in das Gutsein hineinruft. Selbst reißerische Wölfe können auf diese Weise gewaltlose Lämmer werden – das ist die franziskanische Hoffnung. Die Legende vom Wolf von Gubbio erzählt dieses Wunder der Wandlung, welche die „Voreiligkeit der Liebe" bewirkt.

Gute Leute!

Gute Leute

Gut bist du
Kind
bist nicht schlecht!

Gut bist du
Frau
bist nur anders!

Gut bist du
Mann
bist gut für mich!

Gut bist du
Fremder
bist gut, bist gut!

Guten Tag, gute Leute!
Anton Rotzetter

Vor allem hören wir die Geschichte von der schrecklichen Angst, die Franziskus erfüllte. Der Blick auf sich selbst – wer könnte ihn aushalten? Ohne den Blick dessen, der uns liebt? Franziskus erlebt die Befreiung von der Angst in dem Moment, wo er von sich wegschaut und den erblickt, der nur Liebe und Zuwendung ist, Gnade über Gnade. So von sich wegschauend und nur noch die Liebe Gottes vor sich, wird er hell und heiter, gelöst und gelassen, was seine Zukunft betrifft. Wenn schon er, Franziskus, mit dem Blick und der Sprache der Güte das Wunder der Wandlung wirken kann, um wieviel mehr vermag die „Voreiligkeit der Liebe" Gottes uns selbst zutiefst zu verändern! Wenn Gott uns liebt, können wir dann noch abseits stehen? Müssen wir dann nicht auch die Abgründe und Dunkelheiten unseres eigenen Lebens mit göttlicher Liebe umfangen? – Franziskus jedenfalls wirft alle Angst und Sorge um das eigene Heil von sich und birgt sich in das liebende Herz Gottes.

BEFREIT VON ANGST

Der selige Vater Franziskus wurde jeden Tag mit Tröstung und Gnade des Heiligen Geistes erfüllt. Mit aller Wachsamkeit und Besorgnis unterwies er die neuen Söhne durch neue Lehren, indem er sie den Weg der heiligen Armut und seligen Einfalt unbeirrten Schrittes gehen lehrte. Eines Tages aber, als er das Erbarmen Gottes in den ihm erwiesenen Wohltaten bewunderte und wünschte, daß ihm vom Herrn geoffenbart werde, wie sein und seiner Brüder Wandel sich fernerhin gestalten solle, suchte er einen Ort des Gebetes auf, wie er es sehr oft zu tun pflegte.

Als er dort lange Zeit, mit Furcht und Zittern vor dem Beherrscher des ganzen Erdkreises stehend, verharrte und in Bitterkeit der Seele die schlecht verbrachten Jahre überdachte, wiederholte er immer wieder das Wort: „Gott sei mir Sünder gnädig!" Da begann unsagbare Freude und höchste Wonne sich nach und nach in das Innerste seines Herzens zu ergießen. Auch ward er allmählich ganz verändert; der Gemütssturm legte sich, die Finsternis wich, die infolge von Sündenangst sich über sein Herz gebreitet hatte, es wurde ihm die Gewißheit zuteil, alle seine Sünden seien ihm vergeben, und die Zuversicht in ihm erweckt, wieder zu Gnaden zu kommen. Alsdann geriet er in Verzückung und wurde ganz in Lichtflut eingetaucht. Die Kraft seines Geistes weitete sich, und er sah in hellem Lichte, was die Zukunft bringen werde. Als endlich jene Wonne mit dem Lichte entschwand, schien er geistig erneuert, schon in einen anderen Menschen umgewandelt.

1 Cel 26

Eine andere Geschichte hat wohl auch mit Angst zu tun. Wer nur auf sich selber schaut, muß natürlich auch das eigene Heil aus eigener Kraft wirken und Buße tun, soviel er nur kann. Aber natürlich geht es auch um Wahrheit und Authentizität. Schein und Sein sollen zusammengehören und nicht auseinanderbrechen. Wahrhaftigkeit, die Außen und Innen zusammenbringt, ist die Leidenschaft des heiligen Franz.

Nackt an einem Strick

Es war in der Zeit, als sich Franziskus von einer schweren Krankheit erholte. Er dachte darüber nach, wie er in jener Krankheit eine Zeitlang eine besondere Speise zu sich nahm. Er aß zwar nur wenig davon, denn wegen vielen unterschiedlichen und langen Krankheiten konnte er kaum mehr essen.

So ließ Franziskus eines Tages, obwohl er vom Viertagefieber noch nicht frei war, das Volk von Assisi auf der Piazza San Rufino zur Predigt zusammenkommen. Nach seiner Predigt bemerkte er, man möge noch da bleiben, bis er zu ihnen zurückgekommen sei. Mit Bruder Petrus Cathanii, dem von ihm ernannten ersten Generalminister, und mit anderen Brüdern begab er sich in die Kirche San Rufino. Er befahl dem Bruder Petrus, daß er alles, was er ihm zu sagen oder zu tun auftrage, ohne Widerspruch befolge. Bruder Petrus antwortete: „Bruder, ich kann und darf nichts anderes tun als das, was dir gefällt."

Franziskus zog daraufhin seine Kutte aus und befahl dem Bruder Petrus, er solle ihn nackt mit einem Strick, den er sich um den Hals gelegt hatte, dem Volk vorführen. Einem zweiten Bruder befahl er, daß er mit einer Schüssel voll Asche die Kanzel besteige, von der aus er vorher gepredigt hatte. Dort solle er ihm dann die Asche über den Kopf schütten.

Der Bruder gehorchte nicht – aus Liebe und Mitleid. Bruder Petrus aber führte Franziskus hinaus vor das Volk. Er war dabei wie auch die anderen Brüder voller Tränen.

Nackt stand er also da, an dem Ort, an dem er vorher gepredigt hatte, und sagte: „Ihr glaubt, ich sei ein Heiliger; viele haben auf mein Beispiel hin sogar die Welt verlassen und das Leben der Minderbrüder gewählt. Doch vor Gott und vor Euch bekenne ich: Ich habe in meiner Krankheit Fleisch und Fleischsuppe gegessen."

Überwindung der Angst und Weite der Welt

Da fingen alle zu weinen an aus Liebe und Mitleid. Denn es war zu der Zeit eine große Kälte, Winterszeit, und Franziskus war ja immer noch vom Viertagefieber krank. Sie schlugen auf ihre Brust und beschuldigten sich: Wir kennen das Leben dieses Mannes. Seit seiner Bekehrung zu Christus hat er seinem Leib ein Übermaß an Verzicht und Härte aufgebürdet, so daß sein Fleisch vorzeitig gestorben ist. Wenn also dieser Heilige sich mit solcher Scham wegen Sachen anklagt, die doch gerechtfertigt und der Not entsprungen sind, was sollen dann wir tun, wir Elenden, die wir unser ganzes Leben genießen und nach den Begierden und Wünschen des Fleisches leben?

Ähnliches ist einmal in einer Einsiedelei bei Poggio Bustone geschehen, als Franziskus dort das Martinsfasten verbrachte. Wegen seiner Krankheit haben die Brüder die Speise, die sie ihm zubereitet haben, mit Speck versetzt. Denn Öl konnte er in seiner Krankheit nicht vertragen. Nach der 40tägigen Fastenzeit predigte Franziskus der Bevölkerung des Dorfes, das nicht weit von der Einsiedelei lag. Er begann seine Predigt so: „Ihr seid mit großer Andacht zu mir gekommen und glaubt, einen heiligen Mann vor euch zu haben. Doch vor Gott und Euch bekenne ich, daß ich in den vergangenen 40 Tagen in der Einsiedelei Speise mit Speck gegessen habe."

Nicht selten aß Franziskus bei seinen Brüdern oder bei Freunden. Wegen seiner Krankheit bereiteten sie ihm oft etwas Besonderes. Aber immer sagte er sogleich noch im Haus und dann draußen vor Weltleuten, die ihn gar nicht kannten: „Ich habe das und das gegessen." Er wollte vor den Menschen nicht verbergen, was vor Gott offen da lag.

TsP 80f

Bezeichnend ist, daß Franziskus weit und offen wird, sobald er mit dem Blick auf die Liebe Gottes die Angst verliert und die Gewißheit der Vergebung erlangt. Er sieht sogar, wie seine Brüder zu einer nicht mehr zu zählenden Schar werden und tröstet seine Brüder, die offenbar verzagt sind, so klein und unbedeutend zu sein. Ganz offensichtlich hat eine spätere Zeit, die mit Verrat und Abfall, Mittelmäßigkeit und Trägheit konfrontiert war, aus dem Trost eine Drohung gemacht. Das aber ist eine andere Logik, nicht die der frohmachenden Botschaft, sondern die Logik einer Religion, die Franziskus überwunden hat.

Poggio Bustone:
Gedenktafel des Aufenthalts des hl. Franz

Eine grosse Schar!

Franziskus kehrte freudig zurück und sagte zu den Brüdern: „Habt Mut, Geliebteste, und freut euch im Herrn, und laßt euch nicht traurig machen, weil wir scheinbar nur wenige sind! Und es soll euch meine oder eure Einfalt nicht schrecken; denn so ist es mir in Wahrheit vom Herrn gezeigt worden: Zu einer sehr großen Schar wird uns Gott anwachsen lassen und bis an die Grenzen der Erde uns mehren und ausbreiten. Zu eurem Fortschritt fühle ich mich auch gezwungen zu sagen, was ich gesehen und sonst gewiß viel lieber verschweigen möchte, wenn mich nicht die Liebe drängte, es euch zu erzählen. – Ich sah eine große Menge Leute zu uns kommen, die im Kleid und nach der Regel unseres heiligen Ordens mit uns zusammenleben wollten; und seht, ich habe jetzt noch den Lärm im Ohr, wie sie kamen und gingen, je nachdem es ihnen der heilige Gehorsam auftrug. Ich sah gleichsam die Wege voll von ihren Scharen, wie sie aus fast jedem Volke hierher zusammenkamen. Es kommen Franzosen, es eilen Spanier herbei, Deutsche und Engländer schließen sich an, und eine ungeheure Menge aus verschiedenen anderen Sprachen strömt herzu." Als die Brüder das gehört, wurden sie von heilsamer Freude erfüllt, sei es wegen der Gnade, die Gott der Herr seinem Heiligen verliehen hatte, sei es, weil sie gierig danach verlangten, Mitmenschen zu gewinnen, von denen sie sehnlichst wünschten, daß ihre Zahl sich täglich mehre, damit sie sogleich gerettet würden.

Und der Heilige spricht zu ihnen: „Brüder, damit wir, in Treue und in Hingabe dem Herrn, unserm Gott, für alle seine Gaben Dank erstatten, und damit ihr wißt, wie ihr euch gegen die gegenwärtigen und zukünftigen Brüder zu verhalten habt, so vernehmt die Wahrheit über die weiteren Schicksale. Jetzt am Anfang unserer Bekehrung werden wir ein über die Maßen süßes und wohlschmeckendes Obst finden; doch gar bald wird uns solches von weniger Wohlgeschmack und Süße geboten werden; schließlich aber wird uns eines voller Herbe gegeben werden, das wir nicht mehr werden essen können, weil es für alle wegen seiner Bitterkeit ungenießbar sein wird, wenngleich es nach außen hin Wohlgeruch und Schönheit aufweist. Ja, es ist wahr, wie ich gesagt habe, der Herr wird uns zu einem großen Volk anwachsen lassen; aber am Ende wird es so gehen, wie wenn ein Mann seine Netze auswirft ins Meer oder in einen See und einen reichen Fischfang macht. Wenn er dann alle Fische in sein Schifflein gebracht hat, wählt er, weil er wegen der Menge es verschmäht, alle mitzunehmen, nur die größeren und die ihm gefallen für seine Gefäße aus, die übrigen aber wirft er wieder fort."

Wie sehr das, was der Heilige Gottes vorausgesagt hat, die Wahrheit widerspiegelt und wie weitgehend es in der Wirklichkeit in Erscheinung tritt, liegt zur Genüge auf der Hand, wenn man im Geiste der Wahrheit darüber nachdenkt. Siehe, wie der Geist der Weissagung auf dem heiligen Franziskus ruhte!

1 Cel 27

Franziskus spürt auch, daß er die Botschaft der Liebe und der Vergebung hinaustragen muß in die ganze Welt. Und so teilt er die ersten acht Brüder auf: Je zwei und zwei sollen sie in die vier Himmelsrichtungen aufbrechen und nach einem Jahr nach Portiuncola bei Assisi zurückkehren, um das Fest der Wiederbegegnung und der Brüderlichkeit zu feiern. So wird dieser abgeschiedene Ort zu einer Quelle sowohl der mystischen Gotteserfahrung als auch der weltweiten Mission der Brüder. Je tiefer jemand das Geheimnis Gottes erfährt, umso universeller wird sein Denken und Handeln.

In die weite Welt gesandt

Zur selben Zeit stieg ihre Zahl durch den Eintritt eines weiteren rechtschaffenen Mannes in den Orden auf acht. Da rief der selige Franziskus alle zu sich und verkündete ihnen noch mehr vom Reiche Gottes, von der Verachtung der Welt, von der Verleugnung des eigenen Willens, von der Unterwerfung des eigenen Leibes. Dann teilte er sie in vier Gruppen von je zwei Mann und sagte zu ihnen: „Geht, Geliebteste, je zwei und zwei nach den verschiedenen Weltgegenden und verkündet den Menschen die Botschaft vom Frieden und von der Buße zur Vergebung der Sünden! Seid geduldig in der Trübsal, voll Zuversicht, daß der Herr seinen Ratschluß und seine Verheißung erfüllen wird! Denen, die euch fragen, antwortet demütig; die euch verfolgen, die segnet; denen, die euch Unrecht antun und verleumden, sagt Dank, weil uns dafür das ewige Reich bereitet ist."

Die Brüder nahmen mit Freude und Jubel den Auftrag des heiligen Gehorsams entgegen. Demütig bittend warfen sie sich vor dem heiligen Franziskus auf die Erde; er aber umarmte sie und sagte liebevoll und gütig zu jedem: „Richte dein Denken auf den Herrn, und er wird dich ernähren!" Dieses Wort sagte er, sooft er Brüder im Gehorsam aussandte.

Darauf machte sich Bruder Bernhard mit Bruder Aegidius gen Sankt Jakob di Compostela auf den Weg. Der heilige Franziskus aber wählte mit einem Gefährten eine andere Himmelsrichtung. Die letzten vier hielten bei ihrem Weg zu je zwei die übrigen Richtungen ein.

1 Cel, 29f

Das Kloster San Giacomo

Um das Kloster San Giacomo herum gibt es eine Anzahl von Denkmälern, die an diese Geschichten erinnern, und andere, die man gut damit zusammenbringen kann: eine Friedenskapelle, ein modern gestalteter Kreuzweg...

In der Kirche, in der wir die Geschichten hören, gibt es nicht sehr viel zu sehen: moderne Gemälde, über deren Geschmack man streiten mag, allerdings mit dem Versuch, die eine oder andere der gehörten Geschichten zu illustrieren; ein altes Fresko, das die Heilige Familie darstellt und gleich darunter ein noch älteres, das Poggio Bustone zeigt, umgeben von Franziskus und Antonius von Padua. Der Kirchenraum läßt noch die alte romanische Gestalt erkennen. Der Kreuzgang, den man von der Kirche aus erreicht, fasziniert mit seiner einfachen Struktur, mit dem lieblichen Brunnen in der Mitte, mit einem schönen Marienbild, mit naiven Wandgemälden, welche die Lebensgeschichte des heiligen Franz erzählen. Es lohnt, sich auf diese Einfachheit einzulassen, die hier einen baulichen Ausdruck gefunden hat.

Gleich beim Eingang zum Kreuzgang geht es zum alten Refektorium mit Fresken aus dem 17. Jahrhundert: das letzte Abendmahl mit dem Osterlamm, Franziskus und Klara, Franziskus und Kardinal Hugolin... Eine Stiege führt zu einem schlichten kleinen Raum hinunter, ursprünglich eine Höhle, die die Benediktiner Franziskus und seinen Brüdern zur Verfügung stellten. Erst 1947 wurde sie wiederentdeckt. Ein kleiner Altar erinnert an die Mystik, mit der Franziskus hier weilte. Und das Kreuz verweist auf die Tatsache, daß Franziskus damals noch keine Bücher hatte, um seine Meditation zu nähren. Das Kreuz war sein Buch, es sagte alles, was Franziskus wissen mußte, um mit seinem Leben Antwort zu geben: Gott ist Liebe, nur Liebe, nichts anderes als Liebe! Moderne Glasgemälde erinnern an Legenden, welche Franziskus zum Inhalt haben: die Heilung eines Kindes (von Poggio Bustone) mit Wasser, das aus dem Franziskus-Brunnen des Klosters stammte; die Buße, die sich Franziskus wegen seiner angeblichen Freßlust auferlegt hatte.

Poggio Bustone: Einsiedelei

Die Einsiedelei

Der wichtigste Ort jedoch ist oben am Felshang, wo sich Franziskus in eine Höhle zurückzog. Heute steht da ein schlichtes Kapellchen mit einer kleinen Glocke.

Der ausgeschilderte Weg ist ziemlich steil und für viele sehr mühsam. Sechs Denkmäler entlang des Weges bezeugen die Volksfrömmigkeit, die nie genug haben kann an wunderbaren Begebenheiten: Das erste Denkmal zeigt den Ort, wo Franziskus sein Brevier – in der historischen Wirklichkeit hatte er damals 1208/09 noch keines – unter einem Felsen vor dem Regen habe schützen wollen; dabei habe er einen Daumenabdruck hinterlassen. Ebenso kann man, wenn man denn will, beim zweiten den Körpereindruck samt Kapuze erkennen, den Franziskus hinterlassen habe, als er sich vor Müdigkeit hinlegen mußte. Das dritte vergegenwärtigt einen Fußabdruck des heiligen Franz, das vierte den Abdruck des Armes, mit dem er das Rietital gesegnet habe. Das fünfte Denkmal zeigt Kniespuren, die entstanden sein sollen, als er vor einem Engel niederkniete. Das sechste schließlich: Fuß-spuren eines Engels, der dem Franziskus in Kindsgestalt er-schienen sei. Spuren, Spuren und nochmals Spuren! – Auf jeden Fall braucht es ein besonderes Gespür, um Spuren zu suchen und zu finden. Wir müssen Spuren folgen, um der Wahrheit des Lebens näherzukommen.

Wir nehmen für unsere Meditation einen etwas weiteren, etwa einstündigen Weg. Wir gehen der breiten Straße entlang ins Tal hinein, bis etwa nach einer Viertelstunde ein breiter Weg im spitzen Winkel nach rückwärts abzweigt, den Hang hinauf bis zur Einsiedelei.

Wiederum wollen wir den Weg still und in uns gekehrt gehen, unseren Ängsten begegnen und sie auf die Liebe Got-tes hin loslassen. Denn schließlich geht es letztlich um uns und nicht um Franziskus. Die Geschichte des Rabbi Jizchak möge uns dazu helfen.

Der Hund des Rabbi Jizchak

Rabbi Jizchak lehrte – viele Jahre. Die Kraft seiner Worte hatte ihn weit über seine Gemeinde bekannt gemacht. Immer wieder legte er die Stellen der Schrift aus, in denen es heißt: „Wer meine Gebote nicht befolgt und meine Satzungen nicht beachtet, wird von Schwindsucht und Fieber befallen. Sein Augenlicht wird verlöschen und sein Atem ersticken. Ich wende mein Angesicht von euch, und ihr werdet von euren Feinden geschlagen. Eure Kraft verbraucht sich vergeblich, und euer Land liefert keinen Ertrag mehr. Ich lasse über euch das Schwert kommen, das Rache nehmen wird." Immer wieder verkündete der Rabbi den Gott der Gerechtigkeit und der Rache, immer furchterregender wurden seine Bilder von Gott, der auf Strafe sinnt, wenn eines seiner Gebote nicht beachtet wird.

Doch je älter der Rabbi wurde, desto leerer wurde sein Herz. Er mißtraute seinen eigenen Worten, und so beschloß er, sich auf Pilgerreise zu begeben, um den großen Rabbi Mendel aufzusuchen und um Hilfe zu bitten. Er packte sein Reisegepäck und brach auf.

Kurze Zeit war er unterwegs, da merkte er, daß sein Hund ihm folgte. Er versuchte, ihn zu verscheuchen, aber der Hund folgte seinem Herrn in gebührendem Abstand. Wenn Rabbi Jizchak sich niedersetzte, um sein Brot zu essen, so setzte sich der Hund zu ihm. Der Rabbi schimpfte: „Geh zurück, unnützes Tier, die Reise ist beschwerlich, und ich habe nicht genug Proviant für uns beide." Der Hund jedoch hörte nicht auf die Stimme seines Herrn und trottete weiter hinter ihm her.

In schwermütige Gedanken versunken wanderte Rabbi Jizchak viele Tage. Zuweilen brannte die Sonne auf ihn, daß er vor Ermattung kaum vorwärts kam. Dann wieder öffneten sich die Schleusen des Himmels, und der Rabbi kam durchnäßt und frierend nur langsam seinem Ziel näher.

Endlich erreichte er den Ort, wo er sich Hilfe und Heil für seine Seele erhoffte. Er trat ins Bethaus, wo Rabbi Mendel lehrte. Wie erschrak er aber, als er vom großen Gelehrten die gleichen Worte hörte, die er so oft seinen Zuhörern gepredigt hatte. „Unser Gott ist ewig und hocherhaben. Er führt sein Zepter mit strenger Hand. Kein Unrecht und kein Frevel entgehen ihm. Bis ins siebte Geschlecht wird er der Schuld und Sünde gedenken. Weh denen, die sich nicht halten an sein Wort, weh denen, die zweifeln an seiner Stärke." Das war seine Rede gewesen, all die Jahre. Rabbi Jizchak rannte aus dem Bethaus. Schon schien er den Zorn Gottes über seine Zweifel zu fühlen, seinen drohenden Arm ausgestreckt, um alle seine Vergehen zu rächen. Aug um Aug, Zahn um Zahn. Wie viele Menschen hatte er nicht verstanden, wie vielen hatte er nicht helfen können, die sich in ihrer Not an ihn gewandt hatten! Nun würde auch Gott sein Ohr verschließen, sein Angesicht abwenden von ihm, dem alten Rabbi, der so viele Worte gemacht hatte in seinem Leben und doch so wenig erreichen konnte.

Müde und verzweifelt setzte er sich unter einen Baum und lehnte seinen müden Rücken an seinen Stamm. Er wagte nicht mehr zu Rabbi Mendel zurückzukehren, sondern trat sogleich den Heimweg an. Es blieben ihm nur wenige Vorräte, doch schlimmer als sein Hunger quälte ihn die Gottverlassenheit: Mein Leben war umsonst, ich habe dich, Gott, nicht erkannt und dir nicht gedient.

Nach einer Tagereise erreichte er das nächste Dorf noch nicht und mußte im Freien übernachten. Der Wind durchkühlte ihn, und da er sich vor dem Regen nur notdürftig unter einem Baum verkriechen konnte, hatten ihn am folgenden Morgen alle Kräfte verlassen. Ein heftiges Fieber schüttelte ihn, er konnte aus eigener Kraft nicht weiter.

Da schlich sein Hund wieder näher herbei und legte sich nah an seinen Herrn und wärmte ihn. Diesmal vertrieb Rabbi Jizchak ihn nicht. Er ließ einfach geschehen, daß ihn die warme Zunge des Tieres leckte, daß ihn sein Fell wärmte und die Zärtlichkeit und Treue dieser unbedeutenden Kreatur auf eigenartige Weise tröstete. Wenn ich hier sterbe, so dachte der Rabbi, so bist du doch bei mir. In seinem Fieber und seiner seelischen Erschöpfung fiel ihm immer der gleiche Psalmvers ein: „Meine Tage sind vergangen wie Rauch, meine Gebeine verbrannt wie von Feuer. Mein Herz ist geschlagen und verdorrt wie Gras, daß ich sogar vergesse, mein Brot zu essen. Mein Gebein klebt an meiner Haut vor Heulen und Seufzen. Ich bin wie die Eule in der Einöde, wie das Käuzchen in den Trümmern."

Da mischte sich ein neuer Gedanke unter den alten Psalm: „Wie ein Hund bin ich, der seinem Herrn nachschleicht, und ihn doch nie erreicht." Aber der Hund war ja jetzt da, nahe bei ihm. Rabbi Jizchak streichelte das Fell des Tieres, und der Hund kroch noch näher und leckte seinen Herrn voll Freude. Er wedelte mit dem Schwanz und zeigte auf vielfältige Weise seine Freude.

Rabbi Jizchak begann plötzlich, unter Tränen einen neuen Psalmvers zu beten: „Und muß ich auch wandern im finsteren Tal, du bist bei mir." Er war viel zu erschöpft, um zu bemerken, daß er diesen Vers, im Zusammenhang mit einem Hund, früher als gotteslästerlich empfunden hätte.

Die Erschöpfung war so groß geworden, daß er einschlief. Der Hund aber bellte und bellte, so daß ein Fuhrmann, der in der Nähe war, aufmerksam wurde. Er brachte den ermatteten Wanderer samt seinem Hund ins nächste Dorf, wo ihn liebevolle Arme aufnahmen und pflegten.

Nach einiger Zeit kehrte der Rabbi genesen in seine Heimatgemeinde zurück. Wenn er künftig lehrte, so konnte er nicht wie früher sprechen. Nie mehr sagte er ein Wort über Rache und Gericht. Zu lange habe ich Gott einseitig verkündigt, dachte er. Nun sprach er so: „Gott ist der Barmherzige, er beugt sich zu seinen Kindern wie eine Mutter. Er läuft uns nach, er sucht uns, er bleibt uns treu, wie weit wir uns auch von ihm entfernen. Selbst wenn wir ihn davonjagen, wie einen streunenden Hund, er gibt uns nicht auf. Sein Glück ist es, in unserer Nähe zu sein."

„Wunderlich ist der alte Jizchak geworden", sagten die Gelehrten. Die Armen und Mißverstandenen aber strömten in sein Bethaus und kehrten mit Freude und Hoffnung gesättigt nach Hause.

Elisabeth Bernet

Oben angekommen, ruhen wir etwas aus. Hoffentlich nicht nur von Mühe und Schweiß, sondern vor allem auch von Selbstzweifel und Sorge. Doch: Gott sucht uns, er befreit uns von Sorgen, will, daß wir als seine Söhne und Töchter die freie Luft genießen und die Lust am Leben feiern.

MEDITATION 1

Wo ist denn der Weg zur Befreiung?
Wie finden wir denn heraus aus dem Teufelskreis
von Schuld, Versagen, Vorwürfen, Angst und erneuter Schuld?

Als ich einmal in einer sehr verzweifelten Situation war,
meine Grenzen und meine Schuld hautnah spürte,
schrie ich wild um mich,
rief nach meinem Gott,
doch der hatte mich ja verlassen.

Meine Gedanken drehten sich im Kreis.
Gefangen in den eigenen Gefühlen,
mir selbst ausgeliefert,
ohne Lichtblick.

Da begegnete ich einem Fremden.
Der hatte nicht etwa einen frommen Trost für mich bereit:
Es wird schon nicht so schlimm sein...

Es geht immer wieder ein Türchen auf…
Bald scheint wieder die Sonne…
Wirf all deine Sorgen auf den lieben Gott…
– und wie die frommen, leeren Sprüche alle heißen.

Hätte ich das hören müssen,
ich glaube, ich wäre verrückt geworden
vor Schmerz und Verzweiflung.
Nichts von dem!
Dieser Mensch sagte nur:
„Ich weiß auch nicht…"
Dann nahm er meinen Kopf in seine Hände
und schwieg.

Vielleicht für den Augenblick eines Atemzuges,
einen Herzschlag lang,
spürte ich Frieden.
Oder was für mich dasselbe war:
Ich bin nicht ohne Du.
Sonst nichts!
Doch das war alles, was nötig war.
Keine schnelle Lösung,
kein Tränentrocknen,
aber die greifbare Nähe eines Menschen,
der DA ist,
DA-bleibt,
auch dann, wenn es keine Antwort gibt.

Gott sagt uns oft nicht: „Tue dies – oder laß jenes:"
Er sagt nichts anderes als:
„Ich-bin-der-bei-dir-ist."
Elisabeth Bernet

Lied…

Meditation 2

Vergeben hast du uns, Gott
– schon damals,
als du nicht mit Macht und Herrlichkeit kamst,
sondern als ohnmächtiges, bedürftiges Kind.
Vergeben hast du uns
unsere Kleinheit und Schwäche,
unsere Begrenztheit und Bedürftigkeit.

Vergeben hast du uns, Gott
– schon damals,
als du dir deine Bedürfnisse stillen ließest,
an der Brust deiner Mutter,
an der Hand deines Vaters.

Vergeben hast du uns, Gott
– schon damals,
als du die einfachen Fischer zu deinen Freunden machtest,
den Zweifler und den Verleugner,
den, der immer den Mund so voll nahm,
die Ängstlichen,
die besessene Frau,
die Dirne und den Verräter.

Vergeben hast du uns, Gott
– schon damals,
als du weintest
über die Verstocktheit und Hartherzigkeit.

Vergeben hast du uns, Gott
– schon damals,
als du die Einsamkeit ertrugst
und den Spott.

Vergeben hast du uns, Gott
– schon damals,
als du die Angst an den eigenen Leib ließest,
bis zu deinem Schrei:
Mein Gott, mein Gott, warum hast du mich verlassen?

Du kennst unsere Angst
und weißt, was es heißt, darin gefangen zu sein.
Deshalb hast du dich ja in unser Leben versenkt
– verschenkt,
um da-zu-sein,
um da-zu-bleiben,
wenn wir unseren Ängsten ausgeliefert sind.

So tust du bis heute an uns.
Bist spürbar in einfachen Zeichen und Gesten,
wenn jemand uns zärtlich beim Namen ruft,
wenn jemand an unserer Seite bleibt
– trotz allem.
Dann sprichst du uns an,
dann sagst du uns von neuem:
Ich bin da – bei dir – fürchte dich nicht.

Elisabeth Bernet

5
Greccio
Das franziskanische Betlehem:
Religion der Menschwerdung

Vielleicht hat die Angst, die uns erfüllen kann, sogar religiösen Ursprung. Immer wieder sprachen ja Mystiker und Heilige und sprechen Theologen von der gegensätzlichen Wirkung, die vom Göttlichen ausgeht. R. Ohm hat es auf den Punkt gebracht, wenn er es das „mysterium fascinosum et tremendum" nennt, eine göttliche Gegenwart, die gleichzeitig anzieht und abstößt, fasziniert und erschreckt, öffnet und verschließt, beglückt und ängstigt. Gott hat – allgemein gesprochen – immer ein doppeltes Gesicht, und man weiß eigentlich nie, woran man mit ihm ist.

Das mag wohl auch ein Grund dafür sein, daß Religion eine Neigung hat zum Totalitären. Wer selber Angst hat, muß Angst machen. Wer sich unterdrückt fühlt, gibt solchen Druck gern weiter, – auch und gerade unter religiösen Vorzeichen wie in Nordirland, im Nahen Osten, in Bosnien... Unzählig sind die Rauchzeichen einer zum Teil religiös bedingten Zerstörung. Auch die Institution Kirche trägt diesen zerstörerischen Bazillus in sich, sonst würde sie nicht Kreuzzüge, Inquisitionsprozesse, Hexenverfolgungen organisieren und heute ihre besten Köpfe exkommunizieren. Wann werden wir begreifen, daß Religion der Menschwerdung des Menschen dienen will?

Das Evangelium, die frohmachende Botschaft, zeigt ein ganz anderes Gesicht von Religion: Kleine werden zur Geltung gebracht, Kranke geheilt, Tote erweckt, an den Rand

Gedrängte in die Mitte gestellt. Kommunikation, nicht Exkommunikation – das ist das Programm Jesu. Das Evangelium bedeutet eine revolutionäre Wende im Verständnis und in der Verwirklichung von Religion – wir werden lange Wege gehen müssen, bis wir es begreifen und bezeugen.

Greccio: Neue und alte Kirche (1228)

Le Prati

Wir werden leise werden müssen, um den Gesang der Engel zu hören, einfach wie die Hirten, um zu erkennen, daß die Religion, die von Jesus von Nazaret ausgeht, Quelle des Lebens, der Hoffnung, der Kraft, des Friedens ist. Wir werden den Boden unter unsere Füße nehmen müssen, um zu spüren, daß sich Religion mit Betlehem neu definiert.

Wir fahren mit dem Bus etwa eine Stunde lang nach Terni hinunter und dann über Stroncone, einem faszinierenden Bergstädtchen, hinauf zu *den Prati, den „Wiesen",* wie es auf deutsch heißen müßte, zu einer Sommerfrische, in denen sich die Italiener in den Monaten Juli und August erholen. Wenn schönes Wetter ist und die Lust zum Wandern groß, dann bietet sich eine Variante an: Wir lassen uns mit dem Bus über die sehr schöne Paßstraße (über Contigliano) nach Cottanello fahren. Da steigen wir aus und wandern etwa dreieinhalb bis vier Stunden zu den Prati. Der Weg ist nicht allzu schwer und führt zuerst über eine geteerte Straße zum Wald hoch auf die Weiden, wo sich ein kleines, verlassenes Dörfchen mit dem Namen „Le Casette" befindet. Von da an geht ein sehr angenehmer Weg zum Fuß des Monte Rotondo und von da an ein etwas steilerer Weg hoch und dann wieder angenehm weiter bis zum Ziel. Auch diesen Weg gehen wir weitgehend in Stille, in die hinein immer wieder Impulse gegeben werden, die zum Tagesthema passen. Der Bus mit dem Picknick erwartet uns dann auf den Prati.

Neben einer Bar und und zwischen Ferienhäusern beginnt der Weg nach Greccio, wo Franziskus sein Betlehem feierte, das Fest der Feste, wie er Weihnachten nannte. Bei den Stallungen und Schäferhütten, im Anblick von Rindern, Pferden, Schafen, halten wir inne, um unsere Sinne den Hirten und den Weiden zu öffnen, der Stille und dem Schweigen, der Atmosphäre, die die Voraussetzung ist, um etwas zu erahnen von der Erdnähe Gottes.

Hirte sein

Hirte sein
weite Wege gehen
Schweigen lernen
Nächte ertragen
zu den Sternen schauen
von der Erde lernen
dem Licht trauen
Gemeinschaft wagen
das Wehrlose schützen
das Verlorene suchen
das Schwächste tragen

EINFACH sein
einfach SEIN
immer mehr Hirte werden.

Elisabeth Bernet

Lamm Gottes

Mit sanftem Schritt, Gott,
gehe ich ruhig über die Weide,
nah der Mutter,
nah der Mutter Erde.
Dankbar nehme ich, was sie mir schenkt:
Duftende Kräuter, Grashalme zwischen den Steinen.

Wer versteht mich besser als Du, Gott?
Du hast dich der Erde zugewandt,
bist eingegangen in sie,
auf ihr gewandert, wie ich,
bist gewaltlos geblieben bis zuletzt,
bist selbst zur Nahrung geworden –
Lamm Gottes!

Könnte es eine bessere Aufgabe geben als die,
an dich zu erinnern?
Doch eine Bitte gewähre mir:
Bleib nah,
bleib da, wenn sie mich zur Schlachtbank führen.
Höre mein verstummendes „Mäh",
halte meinen zitternden Leib,
nimm mich ganz an dein Herz – guter Hirte.
Du.

Elisabeth Bernet

So machen wir uns auf den Weg, der eine auf der harten Straße, die andere auf weicherem Weidegrund, alle mit allen Sinnen der Erde zugetan. Bei einer größeren Baumgruppe warten wir aufeinander. Da werden wir eingeladen, die Schuhe auszuziehen, denn der Boden auf dem wir stehen, ist ein heiliger Ort, und der Gott, der uns begegnet, kommt von unten. Nur wer den Kontakt zum Humus behält, versteht etwas von Gott, der die Erde liebt und der eingeht in das Fleisch des Menschen. Wir gehen paarweise barfuß über die Weide, abwechselnd der eine blind an der Hand des anderen. Zu einem bestimmten Zeitpunkt kehren wir hierher zurück. Bevor wir diese intensive Erfahrung machen, hören wir den Text von der Zärtlichkeit, mit der alles anfing.

AM ANFANG WAR DIE ZÄRTLICHKEIT

Am Anfang war die Zärtlichkeit
denn sie ist seit Urbeginn
die Hand Gottes – die Hand der Liebe

Sie türmte die Wellen des Meeres
und setzte die Schaumkronen an ihren Saum
Sie strich den Spiegel der Seen glatt
und gab dem Tautropfen seinen Glanz
Sie formte der Berge mächtige Gestalt
und der Felder weiche Weite

Am Anfang war die Zärtlichkeit –
Sie formte die glatten Oliven
und gab den Trauben die pralle, fruchtige Fülle
Sie schuf die rauhe Rinde der Eichenbäume
und strich die zerknitterten Mohnblüten glatt
Sie gab dem Getreide die goldene Schale
und der Nuß den süßen Kern

Am Anfang war die Zärtlichkeit –
Sie malte den Schmetterlingsflügeln Farbe
und wob Spinnennetze feiner als Seide
Sie kraulte das Fell der Bären und Löwen
und formte die glatten Silberschuppen der Fische
Sie hob die Vögel zum ersten Flug
und schlängelte die Echsen und Schlangen in den Sand

Am Anfang war die Zärtlichkeit –
Sie formte dein Ohr und dein Herz
damit du hörst und lauschst
Sie berührte durch deine Augen
die Seele damit du siehst und erkennst

Sie gab dir Hände und Haut
damit du sie weiterschenkst

Am Ende wird die Zärtlichkeit sein
wenn du hineinsinkst in die Hand Gottes.

Elisabeth Bernet

Das Städtchen Greccio

Wir wandern weiter bis zum Berggrat, von dem aus sich ein wunderbarer Blick auf das Rietital und auf das Städtchen Greccio eröffnet. Rechts oben, auf der Höhe des Berges, steht eine schlichte Kapelle, an dem Ort, an den Franziskus sich ursprünglich zurückgezogen haben soll. Doch die Bürger von Greccio hätten ihn gerne näher bei ihren Wohnhäusern haben wollen. So wenden sie sich eines Tages, als Franziskus gerade einmal im Städtchen weilte, mit einer entsprechenden Bitte an ihn. Er geht scheinbar auf sie ein, indem er einem Kind ein Holzscheit in die Hand drückt. Es möge es, sagt er ihm, werfen, soweit es nur könne, und dort, wo das Scheit schließlich auf den Boden fiele, würde er sich dann niederlassen. Die Leute staunten aber sehr, wie das Scheit durch die Luft wirbelte und an der anderen Seite am Berghang herunterfiel, einem Ort von unserem Standort aus links, aber nicht zu sehen. Wie ein Schwalbennest hängt die Einsiedelei, wie wir später sehen werden, an der Felswand, ähnlich wie die Bergklöster am Sinai oder in Griechenland.

Die Gegend da oben ist wild. Zur Zeit des heiligen Franz gab es noch Wölfe hier. Auch heute noch gibt es sie, allerdings haben sie sich etwas weiter in die Wildnis zurückgezogen. Damals wurden sie oft zur Plage. Wenn man sich etwas in die Geschichte einfühlt, in der Franziskus die Gegend von

Greccio: Einsiedelei

der Wolfsplage befreit, dann entdeckt man etwas Eigenartiges und Tiefliegendes. Franziskus sieht einen Zusammenhang zwischen dem inneren Zustand der Menschen und der Wolfsplage. Wenn der Mensch zuinnerst mit sich selbst, mit den anderen Menschen und mit Gott versöhnt ist, dann gibt es keine Wolfsplage und keinen Hagelschlag. Die äußere Plage spiegelt nur die innere Unversöhntheit. Wenn dies freilich eine zu einfache Erklärung ist, zeigen Legenden und auch nachweisbare Ereignisse zur Genüge, daß wilde Tiere zu Männern und Frauen, die mit sich und Gott im reinen sind, freundschaftliche Beziehung suchen. So etwa weist die Geschichte vom befreiten Häslein hin auf eine erlöste Welt. Das ist es, was die Religion der Menschwerdung will, für die Franziskus eintritt.

Die Wolfsplage von Greccio

Die Leute strömten auf dem Marktplatz zusammen. Da lag er jetzt, der Wolf, tot. Alle umringten ihn. Ein kleiner Bub fragte seinen Vater: „Er sieht doch ganz friedlich aus. Warum habt ihr ihn totgeschlagen?" „Nur ein toter Wolf ist ein guter Wolf", antwortete der Vater. „Außerdem hat er etliche Schafe, Ziegen und Hühner auf dem Gewissen."

„Hütet euch zu glauben, daß die Gefahr vorbei ist", warnte ein anderer Mann. „Der eine Wolf ging uns zwar in die Falle, doch das Rudel lauert noch im Wald."

Da mischte sich plötzlich eine fremde, sanfte Stimme mit ins Gespräch: „Da habt ihr recht, die Gefahr ist keinesfalls vorüber, im Gegenteil." „Wie meint ihr das?" – „Wölfe tun das, was sie nicht lassen können. Sie reißen andere Tiere, um ihren Hunger zu stillen. Doch die wahre Gefahr ist nicht der Hunger der Wölfe, sondern die unersättliche Gier der Menschen. Schaut euch doch um, sucht nicht fast jeder und jede das zu besitzen, was andere haben? Wer gönnt schon dem Nächsten das bessere Haus, die schöneren Kleider, die jüngere Frau, den angeseheneren Mann, die Geltung unter den Wohlhabenden und den Ehrenplatz an der Tafel? Doch solche Gier kommt nicht wie ein Wolfsrudel, sie verkleidet sich leidenschaftlich und schreitet ehrbar daher. Niemand erkennt sie als Gefahr. Doch sie ist weit unersättlicher, weit verderblicher als jeder Wolf. Den Wölfen kann man Fallen stellen, doch die Habgier in der eigenen Seele will man nicht wahrhaben. So braucht man sie auch nicht bekämpfen. Das Böse, das sie anrichtet, wird mit Leichtigkeit anderen in die Schuhe geschoben. Heute ist es der Wolf, morgen der Andersdenkende, übermorgen der Fremde." –

„Sollen wir uns also weiter bestehlen und bedrohen lassen?" erklang die herausfordernde Frage. „Nein, stillt den wirklichen Hunger, den eigenen und den fremden, und bekämpft die Gier und die Rache. Doch eure wirkliche Kraft richte sich auf das Gute. Setzt euch ein für Freude und Gemeinschaft, schließt niemanden aus dem Leben und eurer Liebe aus. Der Wolf ist euer Bruder, euer Spiegelbild. Zähmt seine Wildheit, freundet euch an mit seiner Eigenart. Versucht es doch wenigstens. Alles andere habt ihr doch oft genug ausprobiert. Ungerechtigkeit erzeugt Ungerechtigkeit, Kampf erzeugt Kampf, Rache erzeugt größere Rache. Der Starke besiegt den Schwachen, und morgen wird der Starke der Schwache sein. Allein wir Menschen können den Teufelskreis durchbrechen. Sollten wir nicht dem Leben und der Liebe eine Chance geben?"

Der kleine Junge hatte nicht alles verstanden, aber da der fremde Mann jetzt das Fell des toten Wolfes streichelte, schob der Bub eine Hand in die freie Hand des Fremden, und mit der anderen streichelte er ebenfalls den Wolf.

Elisabeth Bernet (nach 2 Cel 35 f)

Das befreite Häslein

Als Franziskus sich einmal im Dorfe Greccio aufhielt, brachte ihm ein Bruder ein Häslein, das sich in der Schlinge gefangen hatte und noch lebte. Als der Selige es sah, sprach er: „Bruder Häslein, komm her zu mir! Warum hast du dich so überlisten lassen?" Da ließ es der Bruder, der es hielt, frei, und sogleich flüchtete es zum Heiligen. Und ohne daß es jemand dazu nötigte, ruhte es in seinem Schoß, als wäre das der sicherste Platz. Nachdem es dort ein Weilchen geruht hatte, streichelte es der heilige Vater mit mütterlicher Zärtlichkeit und wollte es dann laufen lassen, damit es frei in den Wald zurückkehre. Oftmals setzte es der Heilige auf den Boden; doch jedesmal sprang es wieder in seinen Schoß zurück. Da befahl er schließlich den Brüdern, sie sollten das Häslein in den nahen Wald bringen. Als er auf einer Insel des Sees von Perugia weilte, widerfuhr ihm etwas Ähnliches mit einem Kaninchen, einem sonst doch ganz scheuen Tierchen.

1 Cel 60

Das Städtchen Greccio ist der Ort, an dem man die Anfänge des sogenannten Dritten Ordens ansiedeln kann, der Gemeinschaft jener Frauen und Männer, welche den Geist des heiligen Franz unter den Bedingungen der Welt, der Ökonomie, der Politik, der Ehe und der Familie leben wollen. Nach Walter Dirks sei die Sendung des Franziskus auf diese Laiengemeinschaft ausgerichtet, sie sei sein eigentliches Ziel gewesen, weil Gott ein Gott der Geschichte und nicht nur der innerseelischen Welten ist.

Die Religion, die in Betlehem ihren Ausgangspunkt genommen hat und auch hier in Greccio gefeiert wird, muß dazu führen, daß man anders mit Geld und Geltung umgeht, Sexualität und soziale Beziehungen anders gestaltet, Staat und Gesellschaft nach humanen Gesetzen ordnet. Nicht einmal die Kirche hat wirklich begriffen, was die Menschwerdung Gottes eigentlich bedeuten könnte. Dort drüben, in Greccio, hat man angefangen, Weihnachten zu begreifen und teilzunehmen an einer Religion der Menschwerdung.

Anfänge des Dritten Ordens

Franziskus fand, daß der Ort der Brüder bei Greccio angemessen und ärmlich war. Die Menschen dieses Burgstädtchens gefielen ihm zudem mehr als andere in der Gegend, obwohl sie arme und einfache Leute waren. Deswegen weilte er hier öfter, besonders weil da eine ärmliche, weitabgelegene Zelle war, in der er verweilen konnte.

Aufgrund seines Beispiels und seiner Predigt, aber auch aufgrund des Beispiels und der Predigt seiner Brüder, traten auf die Gnade Gottes hin viele aus ihnen in den Orden ein, viele Frauen legten das Gelübde der Jungfräulichkeit ab, und andere lebten – angetan mit einem religiösen Kleid – in ihrem Häusern ein religiöses Leben. Und obwohl sie in ihren Häusern blieben, nahmen sie Anteil am gemeinsamen Leben. Sie züchtigten ihren Körper mit Fasten und Gebet. So erschien ihr Lebenswandel den Männern und den Brüdern nicht wie der der anderen Weltleute und Blutsverwandten, sondern wie der von Heiligen und Ordensleuten, die dem Herrn schon lange dienten. Das gilt auch für die jungen und ganz einfachen Frauen. Darum sprach der selige Franziskus in der Brüdergemeinschaft immer wieder voll Freude von den Männern und Frauen des Burgstädtchens: „Von einer großen Stadt haben sich nicht so viele zur Buße bekehrt wie von Greccio, das doch nur ein kleines Burgstädtchen ist."

Oft, wenn die Brüder am Abend ihren Gottesdienst feierten, wie sie es an vielen Orten damals taten, traten viele Menschen des Städtchens, Große und Kleine, vor das Stadttor und standen dort auf der Straße, um den Brüdern mit lauter Stimme zu antworten: Gelobt sei Gott, der Herr. Selbst Kinder, die noch nicht gut reden konnten, lobten Gott, so sehr sie nur konnten, wenn sie die Brüder sahen.

TsP 74

In der Einsiedelei, zu der wir nach einer längeren Mittagspause aufbrechen werden, will die Menschlichkeit um sich greifen. So sehr Greccio ein Ort der Beschaulichkeit ist, des unverbauten Blickes auf das Wesentliche, so sehr muß sich dieses Wesentliche ausdrücken in einer neuen Art der zwischenmenschlichen Begegnung. Eine Religion der Menschwerdung drückt sich aus von Angesicht zu Angesicht, im Suchen des Blickes des anderen, in der Zärtlichkeit, die sich in einer besonderen Art des gegenseitigen Sich-Anschauens ausdrückt.

Der zärtliche Blick

Der heilige Franziskus hatte die Gewohnheit, den ganzen Tag in einer einsamen Zelle zu verbringen und nicht zu den Brüdern zurückzukehren, außer wenn ihn das Bedürfnis nach Speise sehr drängte. Trotzdem verließ er die Zelle nicht zu bestimmten Zeiten, um zu essen, da der stärkere Hunger, der Beschauung zu obliegen, ihn häufiger ganz beanspruchte.

Einmal geschah es, daß von weither zwei Brüder, die ein gottgefälliges Leben führten, zur Niederlassung von Greccio kamen. Der einzige Grund ihres Kommens aber war, den Heiligen zu sehen und seinen schon lange ersehnten Segen zu empfangen. Als sie nun kamen und ihn nicht antrafen, weil er sich schon von der Gemeinschaft in seine Zelle zurückgezogen hatte, wurden sie über die Maßen traurig. Und da sein unregelmäßiges Verlassen der Zelle ein langes Warten auferlegen konnte, schrieben sie dieses Mißgeschick ihren Verfehlungen zu und gingen ohne Segen und Trost wieder fort. Die Gefährten des seligen Franziskus geleiteten sie und suchten die Trostlosen zu trösten. Als sie sich schon etwa einen Steinwurf weit von der Niederlassung entfernt hatten, rief plötzlich der Heilige laut hinter ihnen her und sprach zu einem der Gefährten: „Sage meinen Brüdern, die hierher gekommen sind, sie sollen zu mir herschauen." Und als die genannten Brüder ihr Angesicht zu ihm hinwandten, da machte er das Kreuzzeichen über sie und segnete sie voller Liebe. Jene aber empfanden eine um so größere Freude, je besser sie ihr Ziel hatten erreichen können und noch dazu auf so wunderbare Weise, und kehrten, Gott lobend und preisend, zurück.

2 Cel, 45

Die Einsiedelei

Wir sind den steilen Weg heruntergestiegen und haben so möglicherweise etwas vom Herabsteigen Gottes erahnt. Gott ist wie das Wasser, das den untersten Punkt aufsucht. Gott ist schon im Ersten (Alten) Testament „der heruntergekommene Gott", ein Gott, der sich einmischt in das Geschick der Menschen. Er will befreiende Gegenwart sein, ein Gott, der sein Gottsein nicht festhält, sondern losläßt und Mensch unter Menschen wird, und unter den Menschen ein Sklave, und unter den Sklaven einer, der den Verbrechertod stirbt (vgl. Phil 2,5). Gott entäußert sich, ist kleiner noch als das Kleinste. Er steigt herunter – und wir haben es ihm beim Herabkommen auf steilem Weg vielleicht ein wenig nachempfunden.

Wenn wir den vorgegebenen Einbahnweg gehen, der durch die Einsiedelei führt, kommen wir zuerst zur Felsennische, die dem Franziskus als Krippe diente, um das Geheimnis der Menschwerdung Gottes zu feiern. Der Altar steht genau da, wo Franziskus, wie er sagte, „mit eigenen Händen greifen und mit eigenen Augen sehen" wollte, welche „Not" Gott auf sich genommen hat. Man muß sich das einmal vorstellen: Die äußerste Freiheit verbindet sich mit den Nöten und Zwängen, welche durch eine erbarmungslose und unmenschliche Ökonomie gegeben ist. Franziskus hat begriffen, was wir feiern, wenn er in seinem Weihnachtspsalm die Stichworte aufgreift: „Am Weg geboren" – „in die Krippe gelegt" – „weil in der Herberge kein Platz war".

Greccio: Höhle der Weihnachtsfeier

Am Weg geboren

Das Göttliche Geschehen
1 Springt auf zu Gott
   zu dem, der uns hilft
   Jauchzt dem Herrn
   zu dem lebendigen
   und wahren Gott
   Laßt die Worte springen

2 *Der Herr ist groß und mächtig*
   ein großer König
   Vor ihm zittert die ganze Erde

3 Denn der allerheiligste Vater
   herrscht vom Himmel herab
   seit Ewigkeit
   Er *sandte* seinen geliebten Sohn
   von der Höhe
   – und geboren wurde er
   aus der seligen Jungfrau
   der heiligen Maria

4 Dieser rief inständig zu IHM:
   Mein Vater bist Du
   Und der Vater setzte ihn ein
   als erstgeborenen Sohn
   erhaben
   über alle Könige der Erde

5 An diesem Tag
   hat der Herr Sein Herz geöffnet
   für alle Armen
   In der Nacht
   singt Er Sein Lied

Das historische Geschehen
6 Dies ist der Tag
 vom Herrn geschaffen
 Aufspringen wollen wir und froh sein

7 Denn *der allerheiligste Knabe*
 der Geliebte
 ist uns gegeben
 Und geboren wurde er für uns
 auf dem Wege
 und gelegt in eine Krippe
 Da kein Platz war in der Herberge

8 Ehre in der Höhe dem Herrn und Gott
 und auf Erden Friede den Menschen guten Willens

Die universelle Bedeutung
9 Die Himmel sollen froh werden
 die Erde soll aufspringen
 das Meer soll aufgewühlt werden
 und alles, was darin ist
 Die Felder sollen sich freuen
 und alles, was darauf wächst

10 Singt ihm ein neues Lied
 Singt dem Herrn, alle Welt

11 *Denn groß ist der Herr*
 und über alles lobenswert
 vor ihm zittern die Götter

12 *Bringt* dem Herrn ihr Heimatländer und *Völker*
 Bringt dem Herrn Ehre und Ruhm
 Bringt dem Herrn die Ehre seines Namens

13 Nehmt alles, was irdisch ist, auf euch
und tragt sein heiliges Kreuz
Befolgt seine heiligsten Gebote bis ans Ende

14 Wir wissen:
Er kommt
und wird richten nach seinem Recht

Franz von Assisi

Haben wir begriffen

„Und geboren wurde er für uns
auf dem Wege
und gelegt in eine Krippe
Da kein Platz war in der Herberge"

Für uns geboren auf dem Wege! Haben wir es wirklich begriffen, was hier geschehen ist? Eine improvisierte Geburt – und das für den Sohn Gottes; sozusagen am Straßenrand kommt Jesus zur Welt.

Gelegt in eine Krippe! Haben wir es wirklich begriffen, was hier geschehen ist? Eine so gar nicht menschliche Geburt – und das für den Sohn Gottes; sozusagen im Futtertrog, unter animalischen Bedingungen kommt Jesus zur Welt.

Da kein Platz war in der Herberge! Haben wir es wirklich begriffen, was hier geschehen ist? Eine in der Welt ganz und gar nicht willkommene Geburt – und das für den Sohn Gottes; sozusagen außerhalb aller gesellschaftlich akzeptierten Normen kommt Jesus zur Welt.

Unterwegs geboren – in den Futtertrog gelegt – kein Platz! Das ist der Standpunkt Gottes, der alles auf den Kopf stellt.

Gott steht auf der Seite derer, die unterwegs sind, die nirgendwo zu Hause sind, entwurzelt, verbannt, auf die Straßen der Welt geschickt. Gott steht auf ihrer Seite, ist einer von ihnen geworden.

Gott steht auf der Seite derer, die in menschenunwürdigen Verhältnissen leben, in Armut und Elend, in Hunger und Not. Gott steht auf ihrer Seite, ist einer von ihnen geworden.

Gott steht auf der Seite derer, für die man keinen Platz hat: die Alten, die Ungeborenen, die Verachteten, Geopferten, Verstoßenen. Gott ist auf ihrer Seite, ist einer von ihnen geworden.

Das ist der Standpunkt des lebendigen Gottes. Diesen Standpunkt wird Jesus auch in seinem so kurzen Leben vertreten: Er steht auf der Seite des Kindes, der Frau, des niederen Volkes, der Mundtotgemachten und Kleingehaltenen, der als Säufer und Fresser Verschrieenen, der Sünder und Zöllner, der Dirnen, der Blinden und Lahmen, der seelisch und körperlich Leidenden, der Verängstigten und Verzweifelten. Und weil er diesen göttlichen Standpunkt konsequent vertritt, werden ihn die Mächtigen der Welt an den Schandpfahl hängen und damit bestätigen, daß Gott nicht auf ihrer Seite steht, sondern auf der Seite der von ihnen Geopferten und Ermordeten.

Ich überlasse es Ungläubigen, dies als Utopie zu bezeichnen. Ich halte es für die Hoffnung der Welt, für ein großes Licht im Dunkel der Welt, für einen Stern in der Finsternis der Völker, für eine flammende Fackel in der abgrundtiefen Nacht.

Das ist der Tag, den der Herr gemacht. Erfüllen wir ihn mit Friede und Jubel.

Anton Rotzetter

Über dem Altar sehen wir Maria, die ihrem Kind die Brust hinhält. Naive Kunst gewiß, aber ein Glaubensbekenntnis der besonderen Art. In einer Zeit, in der man dualistischen Welt-

Greccio: Fresko in der Höhle

vorstellungen huldigt und darum Erde, Materie, Leiblichkeit, Sexualität für etwas Schlechtes und Böses hält, wird ein solches Bild zum Protest. Nein, „Gott hat an der Brust einer Frau gehangen", sagt Franziskus, er ist eingegangen in das Fleisch der Welt. Da gibt es nichts zu verteufeln, im Gegenteil: Alles ist erfüllt von der Gegenwart des lebendigen Gottes.

AN DER BRUST EINER FRAU

Gott
an der Brust einer Frau
angewiesen auf die Milch der Mutter

In unseren Bedürfnissen
lebst Du
im Schrei des Kindes
gestillt zu werden
und in der Sehnsucht des Menschen
geborgen zu sein

In unserer Lust
lebst Du
in der Freude von Mutter und Kind
und in der Nähe von Frau und Mann

Ich neige mich
vor der Brust der Frau
vor dem Schoß der Mutter
vor dem Leib des Menschen

Gott
an der Brust der Frau
angewiesen auf die Milch der Mutter

Anton Rotzetter

Allerdings: Ob wir das je einmal fassen können? Gott ist Liebe – sonst nichts! Er ist ein verrückter Liebhaber. Und er verhält sich auch so! Deswegen wird er bereits im Alten Testament beschrieben als einer, der sich auf die Suche macht nach der Geliebten. Das Hohe Lied der Liebe zeigt uns darum die irdische, erotische, sexuelle Liebe zwischen Mann und Frau. Alle Eindeutigkeit, die möglich ist, wird gewagt, um die Fleischlichkeit und Körperlichkeit dieser Liebe herauszustellen. Genau das wird zur Metapher, zum Gleichnis, zum Bild für das Unaussprechliche und Unbenennbare: für Gott und seine Liebe zu den Menschen und für die liebende Antwort, welche der Mensch zu geben wagt. Da gibt es nichts, was nicht würdig wäre, das Geheimnis Gottes zu benennen: „Gott hat an der Brust einer Frau gehangen."

Ja, wann endlich werden wir die Sprache der Liebe Gottes verstehen? Wann werden wir die Liebe ausloten, die Gott ist und die greifbar wird in der Gestalt Jesu. Die Liebe, die – sich hingebend – stirbt. Von daher begreift man vielleicht doch etwas von der Einzigartigkeit dieses Jesus von Nazaret. Was wir von Gott erfahren und was wir feiern, ist diese Ganzhingabe.

Kann es so etwas öfter, mehrere Male, immer wieder geben? Ist das Ein-für-alle-Mal nicht mehr als das Immer-wieder? Wer liebt, begreift es. Und er wird daraus nie Anspruch und Macht ableiten. Gerade das wäre der Beweis, nichts verstanden zu haben von der Ganzhingabe Gottes, die wir in Jesus von der Krippe bis zum Kreuz schauen und in der Eucharistie immer wieder neu empfangen und feiern.

Geschaffen – Gerufen – Geliebt

Am Anfang war Gott allein.
Doch er wollte nicht allein sein.
Er wollte lieben und geliebt werden.
So rief er die Erde und den Himmel,
– und die Liebe fiel auf die Erde,
und sie keimte und grünte zum Himmel zurück.

Er rief die Sonne und den Mond,
– und sie strahlten von Liebe,
die Sonne am Tag und der Mond in der Nacht.

Er rief das Wasser,
– und es sprudelte Liebe hinunter in die Täler.

Er rief das Feuer,
– und es loderte und brannte die Liebe hinauf.

Er rief die Luft,
– und sie hauchte und wehte Liebe,
geradeso wie sie wollte.

Und dann hauchte Gott Vögel in die Luft,
– und sie flatterten.

Er legte Fische ins Wasser,
und sie taumelten von Liebe zu Liebe.
Und anderen Tieren zeichnete er ganz persönlich
Augen, Mund, Nase und Ohren,
damit sie ein liebliches Gesicht hätten
und dem Wesen glichen,
das er ganz zuletzt mit besonderer Hingabe formte.

Das franziskanische Betlehem: Religion der Menschwerdung

Gott beugte sich tief hinunter zur Erde.
Er nahm vom Acker eine Handvoll Erde.
Er schloß die Augen, um ganz bei sich zu sein.
Und dann begann er zu kneten und zu formen,
was er in sich selbst gesehen hatte.
Er gab seine Zärtlichkeit hinein in die Hände,
in die Finger.
Er knetete und knetete
und schaute und schaute
und formte und formte
den Menschen.

Als er zufrieden war mit seinem Werk,
nahm er allen Atem, den er in sich hatte,
und hauchte ihn warm und liebend an:
die Füße, die Beine, den Bauch, die Brust, das Gesicht.
Und dann legte er seine Lippen auf die Lippen des Menschen
und küßte und hauchte,
bis der Mensch sich bewegte
und die Augen aufschlug.

Und Gott wurde innerlich entflammt von seiner Liebe
und schaute dem Menschen in die Augen
und sagte:
Mensch, Du, mein Ebenbild!
Ich will, daß Du mich vertrittst
in der Liebe, die ich habe
für Sonne und Mond,
für Himmel und Erde,
für Feuer und Wasser,
für Luft und für alles, was lebt
– und gegenüber allen, die Menschen sind wie Du.
Ach Mensch, Du, mein Ebenbild!

Und dann nahm Gott den Menschen in die Arme.
Er drückte ihn ans Herz,
ganz lange
und ließ ihn dann los,
damit er seinen Weg gehen könne.

Anton Rotzetter

Rechts neben diesem eindrücklichen Glaubensbekenntnis, abgehoben durch den Riß, der durch das Fresko geht, ganz am Rand wie einer, der von Tuten und Blasen keine Ahnung hat: der alte Mann, der heilige Josef. Also doch Verteufelung der Sexualität? Also doch kein Kontakt Gottes mit dem, was ganz wesentlich unser Menschsein ausmacht? Viele wollen das so sehen, andere sehen darin ein Zeichen für die Aussage: Was wir an Weihnachten feiern, Jesus Christus, die Fleischwerdung Gottes, ist als Ganzes der Ausdruck göttlicher Huld. Das Zugreifen des Mannes, so wichtig es an sich ist, kommt nicht an den Kern heran. Das Eigentliche ist Gottes Initiative und Entscheidung. Wir stehen nicht zupackend, sondern allein empfangend der Gabe gegenüber.

Auf der linken Seite steht – wieder einmal, möchte man sagen – Maria Magdalena, die Büßerin. Wichtig aber für den Ort ist die Szene, in der die Weihnachtsfeier festgehalten wird, die Franziskus 1223 mit den Leuten von Greccio feierte.

WIE FRANZISKUS WEIHNACHTEN FEIERTE

Franziskus wollte nur eines: Das heilige Evangelium in allem und durch alles beobachten. Seine ganze Aufmerksamkeit bezog sich darauf, der Lehre und dem Weg Jesu zu folgen. Darum ließ er sich treffen von den Worten, die Jesus gesagt, und den Taten, die er getan hatte. Vor allem hielt er sich ständig und immer wieder die Demut vor Augen, die hinter der Menschwerdung Gottes steht, und die Liebe, die sich im Leiden Jesu zeigt. Das ist die Mitte, um die seine Gedanken kreisten.

In diesem Zusammenhang ist jene Weihnachtsfeier in Erinnerung zu rufen, die der heilige Franziskus drei Jahre vor seinem Tod in Greccio beging. Dort lebte Johannes, ein angesehener und geachteter Mann, den Franziskus wegen seiner hohen Seelenkultur besonders liebte. Franziskus ließ ihn, wie so oft schon, etwa zwei Wochen vor Weihnachten zu sich rufen. „Wenn du willst", sagte er zu ihm, „daß wir in der Nähe von Greccio miteinander Weihnachten feiern, dann geh und richte alles mit viel Liebe her, wie ich es dir sage. Denn ich will die Erinnerung an jenes Kind lebendig halten, das in Betlehem geboren ist. Ich will mit meinen eigenen Augen und mit all meinen Sinnen schauen, welch große Not es schon als Kind zu leiden hatte, wie es in die Krippe gelegt wurde und wie es, umgeben von Ochs und Esel, auf dem Heu lag." Nach diesen Worten eilte der gute und treue Mann an den vorgesehenen Ort, um alles für die Feier vorzubereiten.

Der Tag der Freude kam immer näher heran. Von vielen Orten wurden die Brüder nach Greccio gerufen, die Männer und Frauen der Umgebung stellten Kerzen und Fackeln her, um jene Nacht hell zu machen, die alle Tage und Jahre erleuchtet.

Schließlich kam auch Franziskus selbst an den Ort, fand alles gut vorbereitet und freute sich. Unter seinen Augen wird die Krippe zurechtgemacht, Heu gebracht, Ochs und Esel herangeführt. Aus Einfachheit, Armut und Demut entsteht in Greccio ein neues Betlehem. Die Nacht wird hell wie der Tag, für Mensch und Tier ein Genuß. Die Leute eilen herbei und werden im Anblick des neuen Geheimnisses mit neuer Freude erfüllt. Der Wald ertönt von den vielen Stimmen, und das Echo schallt von allen Felsen zurück. Die Brüder singen das Lob Gottes, und die ganze Nacht jubelt. Der Heilige steht vor der Krippe, seufzend, betroffen und voll Jubel. Über der Krippe wird das Hochamt gefeiert, und der Priester verspürt neues Glück.

Als Diakon trägt Franziskus Levitenkleider und singt mit klarer Stimme das Evangelium. Schon diese Stimme allein ist für alle wie eine Einladung zu den himmlischen Verheißungen. Und dann predigt er dem Volk, das um die Krippe steht: Er spricht von der Geburt eines armen Königs, er rühmt die kleine Stadt Betlehem, wie Honig träufelt es über seine Lippen. Statt einfach „Jesus" sagt er oft liebevoll „das Kind von Bethlehem" – Bät-lä-häm, er sagt es wie ein blökendes Lamm. Aber ob er „Jesus" sagt oder „das Kind von Bethlehem" – er leckt mit der Zunge seine Lippen, um die Süßigkeit zu kosten, die mit diesen Namen verbunden ist.

Mit vielen Gaben war Gott in dieser Nacht gegenwärtig. Ein Mann hatte eine Vision. Er sah ein Kind leblos in der Krippe liegen und den heiligen Franz hinzutreten, der es aus tiefem Schlaf weckte. Wie wahr ist doch dieses Gesicht. Denn in vielen Herzen war Jesus vergessen, und durch den heiligen Franz ist es aufgewacht und lebt nun im liebenden Gedächtnis der Menschen.

Am Schluß der nächtlichen Feier kehrt jeder voll seliger Freude nach Hause zurück. Das Heu aus der Krippe bewahrte man auf – in der Hoffnung, daß Gott, der auf vielfache Weise sein Erbarmen zeigt, Pferde und andere Tiere heile. Und so geschah es denn auch: Viele Tiere, die an verschiedenen Krankheiten litten, wurden davon befreit, nachdem sie von diesem Heu gefressen hatten. Ja, sogar Frauen, die an schmerzhaften Wehen und einer langen Geburt zu leiden hatten, konnten schließlich glücklich gebären, nachdem sie sich von diesem Heu auflegen ließen. Und viele Männer und

Frauen, die, von den verschiedensten Schicksalsschlägen getroffen, nach Greccio pilgerten, wurden geheilt.

Der Ort der Krippe wurde schließlich als Tempel Gottes geweiht: Über der Krippe erbaute man zu Ehren des heiligen Franz einen Altar und darüber eine Kirche. Dort, wo einst die Tiere das Heu fraßen, sollten die Menschen zum Heil ihrer Seele das Fleisch des unbefleckten Lammes, unseres Herrn Jesus Christus, essen.

Nach Thomas von Celano (1228, fünf Jahre nach dem Ereignis geschrieben)

Was Franz von Assisi über dieser Steinkrippe feiert, ist Ausdruck eines ganzheitlichen Glaubens. Die Krippenfeier ist eine der vielen Inszenierungen, in denen er im Laufe seines Lebens sich selbst und seinen Glauben erfährt und offenbart. Er will mit leiblichen Augen sehen, mit allen Sinnen greifen und verstehen, was es bedeutet, wenn Gott Kind wird und auf Stroh liegt.

Dem frühesten Bericht über dieses Weihnachtsritual ist es heute noch anzumerken, mit welcher Sinnlichkeit Franziskus und alle anderen dabei waren: Seufzen, Mitleid, Jubel, leise und hohe Töne, leuchtende Augen, jubelnde Felsen, glänzende Nacht, Lippen, die den Namen Jesu kosten und schlürfen, Bätlähäm, wie von einem Lamm geblökt, mitreißende Worte. Man spürt: Franziskus ist ganz dabei, und alle sind hingerissen vom Spiel, von Phantasie und Sinnlichkeit, und zwar über den Tag hinaus, an dem Franziskus das Fest feiert. Der Ort wird zum Wallfahrtsort, und das Ritual selbst verlangt nach alljährlicher Wiederholung, nicht nur in Greccio, sondern in der ganzen Welt.

Solche Momente spiegeln das Ganze; in einem kurzen Spiel verdichtet sich alles; in einem Ritual erlebt sich der Mensch in allen Tiefen, Höhen und Breiten seiner Existenz.

Man wird darum nicht verwundert sein können, wenn wir im Krippenspiel von Greccio die ganze franziskanische Lebensform symbolisch verdichtet vorfinden.

Greccio: Antonius von Padua und der fromme Esel

Darum feiert Franziskus Weihnachten als „das Fest der Feste, an dem Gott, ein kleines Kind geworden, an menschlichen Brüsten hing" – mit allen Konsequenzen für die Gesellschaft und für das Zusammenleben von Mensch und Tier. Müßte man nicht sagen: Es geht um Verleiblichung der Menschwerdung Gottes und des Menschen auf allen Ebenen und in allen Bereichen? Wenn Gott in die Geschichte eingeht, dann wird er sich wohl nicht nach dreiundreißig Jahren wieder zurücknehmen. Die Auferstehung bedeutet, daß Gottes Verleiblichung geschichtlich weitergeht.

Fest der Feste

Das Geburtsfest des Jesuskindes feierte er vor allen anderen Hochfesten mit unaussprechlicher Freude. Er hieß es das Fest der Feste, an dem Gott, ein kleines Kind geworden, an menschlichen Brüsten hing. Die Bildnisse jener kindlichen Glieder küßte er mit sehnsüchtigen Gedanken. Sein geläutertes Mitleid mit dem Kinde brachte in seinem Herzen Worte der Süße hervor, so daß er wie ein Kind stammelte. Und dieser Name war ihm wie Honig und Honigseim im Munde.

Als die Rede davon war, man dürfe kein Fleisch essen, weil Freitag sei, antwortete er dem Bruder Morikus: „Bruder, du sündigst, wenn du den Tag Freitag nennst, an dem das Kind uns geboren wurde. Ich will", sprach er, „daß sogar die Wände an einem solchen Tag Fleisch essen, und, dieweil sie es nicht können, sollen sie wenigstens von außen damit bestrichen werden."

Er wünschte, daß an diesem Tag die Armen und Hungrigen von den Reichen gespeist würden und daß man Ochs und Esel mehr Korn und Heu gebe als sonst. „Wenn ich", sprach er, „mit dem Kaiser reden kann, so werde ich ihn bitten, es solle ein Reichsgesetz erlassen werden, daß womöglich alle Leute Weizen und Korn auf die Wege streuen, damit die Vöglein an einem solchen Hochfest Überfluß haben an Nahrung, besonders unsere Schwestern, die Lerchen".

An die arme Jungfrau, die an diesem Tag bitterste Not litt, dachte er nicht ohne Tränen. Als er eines Tages zu Tische saß, erwähnte ein Bruder die Armut der seligen Jungfrau und schilderte die Not ihres Sohnes Christus. Sofort erhob er sich vom Tisch, schluchzte herzzerreißend und, von Tränen überströmt, aß er den Rest seines Brotes auf nacktem Boden. Daher pflegte er diese Tugend die königliche zu nennen, weil sie am König und an der Königin so glänzend erstrahlte.

Und als Brüder sich in einer Versammlung darüber berieten, welche Tugend Christus wohl am vertrautesten mache, antwortete er, ihnen gleichsam sein Herzensgeheimnis offenbarend: „Wisset, meine Söhne, die Armut ist der besondere Weg des Heiles. Ihre Frucht ist vielfältig, aber nur wenigen wirklich bekannt."

2 Cel 199

Wenn wir weitergehen, kommen wir zu einen langgezogenen Gang, in dem ein alter Tisch steht. Es handelt sich um den „Speisesaal", in dem sich an einem Weihnachtsfest eine Geschichte ereignet, die an Subversivität kaum zu überbieten ist. Eine grundsätzlichere Kritik am Amtsverständnis des Ordens und auch der Kirche kann nicht gedacht werden.

Ausgerechnet an einem Weihnachtstag soll dem Bruder Elias, dem Oberen der Brüder, ein triumphaler Empfang bereitet werden: Auf einem Podest soll er vor einem reichlich gedeckten Tisch tafeln. Franziskus begreift nicht, daß man nicht begreifen kann. Am Tag der totalen Erniedrigung Gottes die Erhöhung eines Menschen! Wo Gott sich kleinmacht, wird jemand groß herausgestellt. Wo Gott sich mit dem Humus der Erde verbindet, wird jemand über den Humus erhoben. Wie kann man die Erde vergessen und die Armen, die zu ihr gehören? Wie kann man sich vom Humus, vom ebenen Boden, erheben? Gott zieht sich zurück. Er reduziert sich zu einem Nichts. Im Kleinsten ist Gott der Größte. Wer

Greccio: „Speisesaal"

ihm zugewandt leben will, muß sich ihm gleichsam in die Tiefen nachstürzen. Da muß alles schwinden, was Angst auslöst – sowohl im Bild Gottes, das wir bezeugen, als auch in der Art und Weise, wie wir uns gegenüber anderen verstehen. Da gibt es keine Privilegien, keine Monopole, keine Überordnung der einen über die anderen, keine Macht, keine Herrschaft, auch nicht eine solche, die ihre Herrschaft sakralisiert. Ein größeres Mißverständnis als eine „heilige Herrschaft" (= Hierarchie) kann es nicht geben!

Auf ebener Erde

Eines Tages kam ein Provinzialminister zu Franziskus, der sich damals in Greccio aufhielt. Er wollte mit ihm das Weihnachtsfest feiern.

Die Brüder wollten dem Obern am Weihnachtstag besondere Ehre erweisen. Darum deckten sie den Tisch mit schönen weißen Tüchern, die sie extra für diese Gelegenheit besorgt hatten, und mit Gläsern zum Trinken.

Franziskus kam zum Essen von seiner Zelle herunter. Wie er den auf einem erhöhten Platz aufgestellten Tisch sah und erst noch mit großem Reichtum gedeckt, nahm er unbemerkt den Hut und den Stock, die einem Armen gehörten, der an diesem Tag hierherkam. Mit leiser Stimme rief er einen seiner Gefährten und verließ die Pforte der Einsiedelei. Die Brüder hatten nichts bemerkt.

Die Brüder setzten sich inzwischen zu Tische. Sie waren es – und Franziskus selbst wollte es so – gewohnt, sich zu Tisch zu setzen, wenn Franziskus nicht sofort zur Essenszeit herunterkam.

Der Gefährte hatte die Türe von innen geschlossen und wartete in der Nähe. Als nun Franziskus an die Türe klopfte, öffnete er ihm sofort. Franziskus hatte den Hut an den

Rücken gebunden und schwenkte den Stock in der Hand, so als ob er ein Pilger wäre. Als er zum Raum kam, an dem die Brüder aßen, rief er wie ein Armer: „Gott liebt. Darum gebt diesem armen und kranken Pilger ein Almosen."

Der Minister und die anderen Brüder erkannten ihn sofort. Er antwortete ihm: „Bruder, auch wir sind arme Leute, und da wir so viele sind, brauchen wir die Almosen zum Essen. Aber wegen der Liebe jenes Gottes, den du angerufen hast, komm herein, und wir teilen mit dir die Almosen, die uns Gott gegeben hat." Franziskus trat ein und blieb vor dem Tisch der Brüder stehen, und der Minister reichte ihm die Schüssel, aus der er aß, und gleicherweise auch ein Stück von seinem Brot. Franziskus nahm es entgegen und setzte sich angesichts der Brüder, die auf einem Podest am Tisch saßen, auf die Erde nahe beim Feuer. Er seufzte und sagte zu ihnen: „Als ich den ehrenvoll und reichlich gedeckten Tisch sah, dachte ich, daß das nicht der Tisch armer Ordensleute sei, die täglich von Tür zu Tür gingen, um zu betteln. Denn uns geziemt es mehr als anderen Ordensleuten, in allem dem Beispiel der Demut und der Armut zu folgen. Dazu sind wir berufen, darauf haben wir ein Versprechen abgelegt vor Gott und den Menschen. So sitze ich auf dem nackten Boden, wie es einem wahren Minderbruder geziemt."

Die Brüder waren beschämt, als sie bedachten, daß Franziskus die Wahrheit sagte. Einer von ihnen begann zu weinen, wie er sah, daß er so auf nackter Erde saß und wie er auf heilige und offene Weise sie zu korrigieren suchte.

Franziskus fügte hinzu: „Die Brüder müssen so erdnahe und bescheidene Tische haben, daß sie zur Erbauung der Weltleute gereichten. Und wenn ein Armer bei den Brüdern zu Gast sei, sollte er auf gleicher Ebene wie die Brüder zu Tische sitzen, und nicht der Arme auf nackter Erde und die Brüder auf einem Podest."

TsP 74

Gleich daneben liegt der „Schlafsaal", mehr ein enger Schlauch als ein Raum. Die Schlafstellen sind mit Kreuzen gekennzeichnet, damit man sich in der Nacht nicht stört. Auch an diesen Raum knüpft sich eine Geschichte. Sie klingt etwas komisch, bewegt sie sich doch vor einem Horizont, der nicht mehr der unsere ist. Der Teufel lauert hinter allen Ecken. Worauf es aber ankommt, sind die Verweichlichung und der Überfluß, durch welche sich jemand von der Menschwerdung Gottes und des Menschen entfernt und sich einnistet in den eigenen Pfühlen – auf Kosten der Armen, mit denen man eigentlich solidarisch sein sollte.

Greccio: Zellentrakt des hl. Bonaventura

Das Federkissen

Seit der Zeit, da sich der Heilige zu Christus bekehrt und das, was der Welt ist, aus seinem Gedächtnis verbannt hatte, wollte er nicht mehr auf einem Polster schlafen und kein

Das franziskanische Betlehem: Religion der Menschwerdung

Federkissen mehr unter seinem Haupte haben. Weder Krankheit noch gastliche Aufnahme bei Weltleuten konnte die Schranke dieser Strengheit zerbrechen. In der Einsiedelei bei Greccio traf es sich jedoch einmal, daß er, da ihn seine Augenkrankheit mehr als sonst belästigte, gegen seinen Willen ein kleines Kissen benutzen mußte.

In frühester Morgenstunde der ersten Nacht schon rief der Heilige einen Gefährten und sprach zu ihm: „Bruder, ich konnte diese Nacht nicht schlafen, noch im Gebete verweilen, wenn ich mich dazu erhoben hatte. Der Kopf brummte, die Knie schlotterten, den ganzen Körper schüttelte es mir, als hätte ich Brot aus Schwindelhafer gegessen. Ich glaube", so fuhr er fort, „der Teufel sitzt in dem Kissen, das ich unterm Kopf habe. Nimm es weg, den Teufel will ich nicht länger unterm Kopf."

Mit weinerlichem Murmeln bemitleidete der Bruder den Vater, packte dann das ihm zugeworfene Kissen, um es fortzutragen. Wie er hinausging, verlor er plötzlich die Sprache, und ein solcher Schrecken befiel und lähmte ihn, daß er weder die Füße von der Stelle bewegen, noch auch die Arme irgendwie heben konnte. Nach einer Weile rief ihn der Heilige, der es bemerkt hatte. Der Bruder erhielt darauf seine Bewegungsfreiheit zurück, kehrte um und erzählte, was ihm widerfahren. Da sprach der Heilige zu ihm: „Als ich zu später Stunde die Komplet betete, da erkannte ich ganz deutlich, daß der Teufel in meine Zelle komme." Und er sagte weiter: „Gar verschlagen und scharfsinnig ist unser Feind; denn kann er innen in der Seele nicht schaden, so gibt er wenigstens dem Leib einen Grund zu murren."

Das mögen jene beherzigen, die Kissen auf jede Seite legen, damit sie, wohin sie auch geraten, im Weichen aufgefangen werden. Gerne folgt der Teufel der Üppigkeit, und es freut ihn, an kostbaren Betten zu stehen, zumal dort, wo keine Notwendigkeit dazu zwingt und die Profeß sie verbietet.

Doch nicht weniger flieht die alte Schlange einen Menschen, der sich von allem entblößt hat, sei es, daß sie das Zusammenwohnen mit einem Armen verschmäht, sei es, daß sie sich entsetzt vor der Größe der Armut. Wenn ein Bruder daran denkt, daß der Teufel unter den Federn steckt, dann wird sein Kopf mit Spreu zufrieden sein.

2 Cel 64

Greccio: Die Zelle des hl. Franz

Wir gehen durch den „Speisesaal" zurück und steigen dort die Stiege hoch, um zuerst links abzubiegen und zu einem hölzernen Zellentrakt zu gelangen. Hier kann man erahnen, wie die Brüder um 1260 gelebt haben. Da hatte bereits jeder seinen intimen Raum. Man zeigt unter anderem die Zelle des großen Franziskanertheologen Bonaventura († 1274), des Mannes, von dem man sagt, er habe, was Franziskus gelebt und ersehnt hat, in theologische Begriffe gegossen. Ihm kommen auch Verdienste zu für die Existenz der franziskanischen Bruderschaft selbst. Denn in den Vierziger Jahren des 13. Jahrhunderts dringt ein Denken in den Orden ein, das sie an den Abgrund bringt. Die Franziskaner sehen sich als die Erfüllung der Prophezeiungen des Abtes Joachim von Fiore, als Vertreter und Vollstrecker eines neuen Zeitalters, das unter der Herrschaft des Heiligen Geistes steht. Man beginnt, sich von der Kirche abzusetzen oder sich gegen sie zu stellen: Sie gehöre der Vergangenheit an, dem Zeitalter des Sohnes, das nun zu Ende gehe.

Bis „hinauf" zum Generalminister, dem seligen Johannes von Parma, ist man von solchen Gedanken erfüllt. Der Orden muß ihn absetzen. Sein Bild wird jetzt gleich an der linken Seitenwand des Kirchleins aus dem Jahre 1228 zu sehen sein. Und wenn die Türe am Ende des hölzernen Schlafraumes offen wäre, könnte man in den „Garten" hinausgehen, der auf dieser Höhe dem Felsen entlang angelegt ist. Da zeigt man das Gefängnis, in dem Johannes von Parma jahrelang gefangengehalten wurde. Sein Nachfolger ist der heilige Bonaventura, der den Orden wieder auf den Pfad der Rechtgläubigkeit zurückführt und darum als zweiter Gründer des Franziskanerordens gilt. Übrigens werden beide die Verehrung der Kirche erlangen und nebeneinander, der eine als Seliger, der andere als Heiliger, die Herrlichkeit Gottes preisen.

Da darf man sich fragen, ob hier noch greifbar bleibt, was

eine Religion, welche in Weihnachten das Fest der Feste sieht, eigentlich anstrebt zu sein. Doch wohl dies: ein Raum, in dem nur eines gilt: Liebe, Gnade, Zuwendung, anders gesagt: ein Raum, in dem es keine Angst, Gewalt, kein Sichdurchsetzen mehr gibt. Und ist so manches, was alles im Namen von „Rechtgläubigkeit" oder „Observanz" verkündet und praktiziert wird, wirklich das, was eigentlich gemeint ist? Wir müssen bekennen, daß selbst die, die es am ehesten begriffen haben, noch meilenweit entfernt sind, es wirklich bis in alle Konsequenzen hinein zu realisieren. Auch die Geschichten, die von Franziskus erzählt werden, enthalten noch sehr viel Widersprüchliches.

Vom hölzernen Zellentrakt geht es weiter in einen Gebetsraum späteren Datums. Immerhin wird deutlich, daß alle aus einem Buch gelesen und gebetet haben. Das Drehpult und die Öllampe zeugen davon. Von da aus treten wir in das Kirchlein, das die Brüder 1228 eingeweiht haben, um die denkwürdige Feier von 1223 gebührend in Erinnerung zu halten. Im Stil der Zeit ist der kleine Raum unterteilt durch den sogenannten Lettner. Im inneren Raum feierten die Brüder, im äußeren das Volk. Ist solche Trennung nicht ein Widerspruch zur Menschwerdung Gottes, die doch eigentlich alle Trennmauern aufhebt? Links an der Mauer das erwähnte Fresko des Johannes von Parma; daneben, über einem Mauervorsprung ein schönes Franziskusbild, das an die Weihnachtspredigt erinnert, die Franziskus 1223 gehalten hat.

Man beachte auch *den Gekreuzigten am Lettner.* Ungewöhnlich: ein Gekreuzigter mit den typisch jüdischen Schläfenlocken. Wo im Laufe der Jahrhunderte haben die Christen je den Gekreuzigten mit Judenlocken dargestellt? Erst in unserem Jahrhundert findet man es hier und dort, um deutlich zu machen, daß uns Christen sehr viel mit den Juden

Greccio: Kruzifix in der Kirche von 1228

verbindet: Jesus war ganz und gar Jude und lebte aus seinem jüdischen Hintergrund. Wir können Jesus nicht verstehen, wenn wir ihn davon ablösen. Dennoch hat man es getan, sehr radikal und grundsätzlich.

Greccio: Der weinende Franziskus

So ist das *Kreuz von Greccio* ein prophetisches Kreuz. Falls es nicht erst aus dem 20. Jahrhundert, sondern aus früheren Zeiten stammt, haben wir es übersehen, und dann müssen wir umso mehr die Augen aufmachen. Eine Religion der

Menschwerdung muß sich von allem distanzieren, was nur annähernd antisemitisch klingt. Pius XI. sagte einmal: In geistiger Hinsicht sind wir Christen Semiten!

Im Raum daneben wird ein altes Tafelbild gezeigt: der „weinende Franziskus". Aufgrund kunsthistorischer Erwägungen kann es erst nach 1400 gemalt sein – entgegen der Lokaltradition, die darin ein Porträt sehen will, welches Jacoba de Settesole, eine adelige Dame und Freundin des heiligen Franz, noch zu seinen Lebzeiten habe malen lassen. Wir sehen Franziskus vor dunklem Hintergrund, Hinweis auf die dunkle Seite in seinem Leben: auf die Trauer, die ihn oft befallen hat, auf die Depressionen, welche einige seiner Lebenskrisen begleitet haben, auf den Schrei nach Licht, der in seinem Gebet zum Ausdruck kommt: „Erleuchte die Finsternis meines Herzens." Aber auch eine Erinnerung daran, daß Franziskus tagelang herumirren konnte mit dem herzzerreißenden Schrei auf den Lippen: „Die Liebe wird nicht geliebt!"

Die Liebe wird nicht geliebt!

Die Liebe wird nicht geliebt
Tränen fließen
weil die Liebe gehaßt
und der Haß geliebt wird

Macht und Gewalt werden geliebt

Tränen sollen fließen:
Beziehungen zerbrechen
Freundschaften sterben
Kinder werden geschlagen

und Menschen gefoltert
Arbeiter zu Maschinen gemacht
und Ausländer mißbraucht
Frauen vergewaltigt
und Völker vernichtet

Die Liebe wird nicht geliebt!
Anton Rotzetter

In den 60er Jahren unseres Jahrhunderts mußte man eine neue Kirche bauen, um den vielen Pilgern Raum zu schaffen für den Gottesdienst. Sie enthält seitlich im Kirchenschiff und oben auf der Empore eine ganze Reihe von sehenswürdigen Krippendarstellungen. Immer neu will die Phantasie der Menschen das Menschliche sehen, in das Gott eingetreten ist. Schön sind auch die Glasfenster, welche einige Frauen und Männer aus der Gefolgschaft des heiligen Franz festhalten wollen. Außerhalb der Kirche – oben an der Stiege, beim Eingang zur Empore der Kirche – befindet sich eine Darstellung des heiligen Antonius. Dieser sieht sich konfrontiert mit einem Anführer der Katharer, eben jener Bewegung, die im Leiblichen, Materiellen, Weltlichen nichts Positives sehen konnte. Darum war es für sie unmöglich, Gott mit dem Leib des Menschen und mit Brot in Verbindung zu setzen. Antonius geht mit diesem Anführer eine Wette ein: Ein tagelang ohne Nahrung verbliebener Esel würde den Weizen verschmähen, dem man ihm vorsetzt, und auf die Knie fallen und anbeten, wenn man ihm eine Hostie zeigt. Man sieht, wer die Wette gewonnen hat. Jeder Esel kennt die „Religion der Menschwerdung"...

Die Erdnähe Gottes

Seht eure Würde
(Brüder Priester)
Seid heilig
Denn Er ist heilig

Wie der Herr Gott euch
Wegen eures Dienstes
Über alles geehrt hat
So sollt ihr
Ihn über alles lieben
Anbeten und ehren

Großes Elend
Und elende Schwäche!
Er ist ganz da
– und ihr sorgt euch
um irgend etwas anderes in der weiten Welt

Der ganze Mensch zittere
Die ganze Welt wanke
Der Himmel springe hoch
Wenn auf dem Altar
(In den Händen des Priesters)
Christus gegenwärtig ist
Der Sohn des lebendigen Gottes

O wunderbare Höhe
O erstaunliche Herablassung
O hohe Erniedrigung zur Erde
O erdennahe Höhe

Der Herr des Alls
Gott und Gottes Sohn
erniedrigt sich

Für unser Heil
Verbirgt Er sich
In der winzigen Gestalt des Brotes

Seht die erdhafte Niedrigkeit Gottes

Schüttet vor Ihm euer Herz aus
Beugt auch ihr euch zur Erde
Damit ihr von Ihm erhöht werdet
Nichts von euch
Behaltet zurück
Damit euch ganz aufnehme
Der sich euch ganz ausgeliefert

Franz von Assisi

Der subversive Gott

Franziskus vertritt eine spezifisch christliche Auffassung von Gott. Und diese Auffassung ist revolutionär im eigentlich Sinn: Sie sieht die Dinge verkehrt herum, unten ist oben, und oben ist unten. Diese Auffassung ist subversiv: Sie fordert eine ganz andere Wertordnung, eine andere Einschätzung der Welt! So sagt er einmal: „Wißt, daß in den Augen Gottes gewisse Dinge überaus hoch und erhaben sind, die sonst bei den Menschen wertlos und verächtlich gehalten werden. Und andere sind bei den Menschen wertvoll und hochgeschätzt, die in den Augen Gottes wertlos und verächtlich sind." Mit andern Worten: Der Gottesgedanke ist bei Franziskus ein durchaus praktischer Gedanke, ein politischer Gedanke gar, wenn wir so wollen. Alles muß anders werden, wenn man erfaßt hat, wer Gott wirklich ist.

Und wer ist er wirklich? – Der Deus semper minor, ein Gott, der alle unsere Vorstellungen unterbietet: Im ganz Kleinen ist er, in dem, was ganz gering ist, verächtlich, billig, wertlos. Dort, wo man aufgrund menschlicher Einschätzung die Nase rümpft, ist er: im Aussätzigen, in den Bettlern, bei denen, die nichts gelten, bei den Geringsten dieser Welt! Gott ist der Demütige – und ist nur unter den Erniedrigten zu suchen und zu finden.

Vielleicht ist es wichtig, sich zu fragen, wie denn Franziskus zu dieser Auffassung kommt. Und so schäle ich aus einem der wichtigsten Texte des heiligen Franz, aus der sogenannten ersten Ermahnung, vier Gedankenschritte heraus.

Erster Gedanke: Es gibt einen unendlichen Abgrund zwischen Gott und uns. Er ist der Schöpfer, wir sind Geschöpfe. Von uns her gibt es keinen Weg zu Gott. „Der Vater wohnt im unzugänglichen Licht. Niemand hat Gott je gesehen."

Zweiter Gedanke: Gott selbst schlägt die Brücke, er bahnt sich einen Weg zu uns. Diese Brücke, dieser Weg heißt Jesus von Nazaret. „Ich bin der Weg, die Wahrheit und das Leben; niemand kommt zum Vater außer durch mich."

Dritter Gedanke: Jesus Christus erreicht uns auch nach Jahrhunderten noch über das verkündigte Wort und das Sakrament. „Täglich erniedrigt er sich. Täglich kommt er zu uns. Täglich steigt er herab. – Vom höchsten Sohn Gottes sehe ich leiblich nichts außer seinen heiligsten Leib und sein heiligstes Blut" (und sein heiligstes Wort, wie man aus anderen Stellen schließen muß).

Vierter Gedanke: Dieses tägliche Ereignis, in dem uns Gott erreicht, ist ein Ereignis der Demut, der Herablassung. Gott zeigt sich im Gegenteil von dem, was er ist: nicht in seiner erdrückenden Allmacht, sondern in seiner faszinierenden

Kleinheit. Gott ist der Demütige. Er sucht die Nähe zur Erde. „Seht die erdhafte Niedrigkeit Gottes!"

Gott ist kein Produkt der Vernunft, nicht das Ergebnis der menschlichen Logik, keiner ist auf die Idee gekommen, die Demut und Erdnähe unter den Eigenschaften Gottes zu nennen. Das ist vielmehr das ureigenste Wesen Gottes selbst: So ist er, so zeigt er sich in der menschlichen Geschichte: im Kind in der Krippe, in einem gewöhnlichen Menschen, in einem zum Tod verurteilten Verbrecher am Kreuz, in der Alltäglichkeit von Brot und Wein, im Aussätzigen, in allem, was wir Menschen als niedrig und wertlos ansehen.

Diese Gotteserfahrung ist wirklich ein praktischer, ja politischer Gedanke. Alles muß sich ändern, meint Franziskus, wenn Gott so ist. Wo Gott gegenwärtig ist, müssen alle privaten Interessen und alle Privilegien fallen. Da gilt nur noch eines: sich aufmachen und sich um den einen Tisch versammeln, sich treffen lassen von der Liebe, die sammelt, die herausruft aus allen Ecken und Räumen – hin zur Communio, zur Gemeinschaft der Liebe. Sage jemand, ein solcher Gedanke sei nicht praktisch!

Eine zweite Konsequenz zieht Franziskus im Hinblick auf die Kirche. Selbstverständlich hat auch er die Schwächen der Kirche im 13. Jahrhundert gesehen. Selbstverständlich hat er wie die damaligen Häretiker, die Waldenser und Katharer, gesehen, wie weit weg die Kirche vom Evangelium war. Doch er zieht nicht dieselben Konsequenzen. „Wenn die Priester mich auch verfolgten, ich würde trotzdem bei ihnen Zuflucht nehmen wollen. Wäre ich so weise wie Salomo und fände armselige, der Welt verhaftete Priester, ich wollte gegen ihren Willen nicht predigen. Ich will in ihnen nicht die Sünde beachten, weil ich (zwischen ihrer Sünde und) dem Sohn Gottes unterscheide".

Franziskus sieht in der Kirche noch anderes als die Institution, anderes als die Korruption, anderes als das Allzumenschliche. All das gehört sogar zur Demut Gottes, zu seiner Erdenschwere. Das kann Gott nicht hindern, bei uns Menschen zu sein. Er ist der Demütige. Natürlich kann man diesen Gedanken als Ideologie benützen und alles rechtfertigen, was in der Kirche an Sünde und Verbrechen geschieht. Dies sei ferne! Doch dieser Gedanke führt mindestens dazu, daß man in der Kirche bleiben kann, ja muß: Denn Gott ist als der Demütige gerade auch in den Niedrigkeiten und Verächtlichkeiten der Kirche zu suchen und zu finden. Wenn das kein praktischer Gedanke ist!

Auch die Art und Weise, wie sich die Kirche organisieren muß, steht unter diesem Gedanken. Da darf es keine Herrschaft geben, keine Macht, sondern nur Demut, Dienst, Hellhörigkeit. Jede Art, sich oder seine Auffassung durchzusetzen, widerspricht der Demut Gottes. Ob Papst oder einfaches Glied der Kirche, ob Bischof, Kardinal oder eine Gruppe oder Ordensgemeinschaft, es spielt keine Rolle: Wer sich zur Demut Gottes bekennt, muß jenen Platz suchen, von dem aus er allen dienen kann. Und man hüte sich, daß man den Worten die Bedeutung nimmt: Dienst ist Dienst, Gehorsam Gehorsam – und gerade jene, welche ein Amt haben in der Kirche, müssen sich sagen lassen, daß dies gerade ihnen zuerst gilt. Sage jemand, daß dies kein praktischer Gedanke sei!

Schließlich gilt das für alles, was uns begegnet: Am Rand der Gesellschaft, unter den Opfern, den Ausgebeuteten, den Ausgesetzen, den Kleinen und Verachteten ist Gott der Demütige. Gerade da will er gesucht sein. Jede Politik, die sich christlich nennt, muß sich an diesen Rand begeben, um von daher zu einer ganz neuen, anderen Politik zu gelangen. Sage jemand, daß der Gottesgedanke kein praktischer, politischer, ja subversiver Gedanke sei!

Wir leben in einer Religion der Menschwerdung, Gott ist eingegangen in die Geschichte, hat sich auf die Seite der Armen geschlagen. Darum war für Franziskus Weihnachten das wichtigste Fest im Kirchenjahr. Franziskus wollte, daß an diesem Tag jeder Christ aufjauchze im Herrn und daß wegen dessen Liebe, mit der er sich selbst uns gab, jeder Mensch nicht nur gegenüber den Armen heiter und freigebig sei, sondern auch gegenüber den Tieren und Vögeln.

Anton Rotzetter

Der Engel, der Bettler und der Hund

Wie jedes Jahr flogen die Engel zur Erde, um den Menschen die Frohe Botschaft zu verkünden. Gott will unter den Menschen sein; das ist die Ehre Gottes, seine Freude, wenn ihr in Frieden lebt. Diese Botschaft wollten die Engel in die Erde hineinsingen. Sie bemühten sich auch und sangen, so schön und innig sie nur konnten. Doch die Welt war laut, überall dröhnten aus den Lautsprechern Lieder, überall herrschte geschäftiges Treiben, niemand hatte Zeit für die leisen, inneren Töne.

Zwar hatten die Engel auch himmlisches Licht mitgebracht. Doch das sahen die Menschen nicht, denn sie erleuchteten mit künstlichen Sternen und grellen Flimmerlichtern die Nacht. So sehr sich die Engel auch mühten, niemand blickte zu ihnen auf, alle Menschen hatten den Blick auf die Schaufenster und die zahlreichen Angebote gerichtet. Und all jene, denen der Weihnachtsrummel zu viel wurde, beschäftigten sich mit Reiseangeboten in ferne Regionen. Die Engel wußten keinen anderen Rat, als unverrichteter Dinge in den Himmel zurückzukehren.

Nur der junge, neugierige Engel, der immer ein wenig näher der Erde zugeflogen war, gab noch nicht auf. Zwar wurde auch er von keinem Menschen beachtet, doch ein streuender Hund hatte den zarten Hauch bemerkt, der nahe am Boden vorbeistrich. Er schnappte voll Spielfreude und

Übermut nach dem Unsichtbaren, und auch der junge Engel fand Gefallen an dem Spiel. Auch er war noch recht übermütig, und so geschah es, daß er plötzlich den Hund berührte.

Nun ist es so, wenn ein Engel die Erde oder, was auf ihr lebt, wirklich berührt, bekommt er die gleiche Erdenschwere wie du und ich. So war der Engel einen Moment lang erschrocken; denn plötzlich 60 kg um sich zu haben, ist ein eigenartiges Gefühl für einen Engel. Es war nicht nur das Gewicht, auch die Kälte spürte er sehr unangenehm. Er sah sich um. Da entdeckte er einen Container, in den die Menschen ihre abgetragenen Kleider warfen. Einer der Säcke hatte sich eingeklemmt, und der frierende Engel konnte sich die obersten Kleidungsstücke herausfischen. Das Sommerkleid war ein wenig kurz und eng. Zum Glück waren aber noch eine alte Jacke und ein Paar Stöckelschuhe in dem Sack. Die Schuhe waren zu groß, aber mit Hilfe der alten Wollsocken ging es einigermaßen.

Nun fror der Engel nicht mehr, aber es meldete sich schon das nächste Problem. Er bekam Hunger und Durst. Überall roch es ganz köstlich, und die Menschen hatten jede Menge feiner Dinge zum Essen an großen Ständen aufgestellt. Doch keiner lud den Engel zum Essen ein.

Zuerst werde ich ihnen die Frohe Botschaft verkünden, nahm sich der Engel vor. Er stellte sich an eine freie Ecke und begann zu rufen: „Frieden euch allen, gute neue Botschaft, Gott will unter euch sein." Ein kleines Mädchen wollte beim Engel stehenbleiben und zuhören. Da kam die Mutter und zog es schnell weg. „Schon wieder so eine Sekte", schimpfte die Frau, „können die uns nie in Ruhe lassen mit ihren neuen, komischen Botschaften?!" Dann lief der Engel einem Ehepaar hinterher und versuchte, mit den beiden ins Gespräch zu kommen. Sie aber sahen den Engel von oben bis unten an, schüttelten die Köpfe und liefen spöttisch lächelnd weiter. Da erkannte der Engel, daß er so keine Chance hatte, die gute Botschaft weiterzusagen. Zudem meldeten sich Hunger und Durst ganz entschieden.

Mutlos ließ sich der Engel an einer Ecke nieder und dachte nach. Da sah er den jungen Hund wieder, der aus einem Abfallkübel gerade ein weggeworfenes Brötchen hervorzog. „Gut gemacht", murmelte der Engel vor sich hin, stand auf und untersuchte einen zweiten Abfallkübel. Er fand einen angebissenen Apfel und eine halbe Tüte Maroni. Mit dem Fund verzog sich der Engel in eine Nische nahe der Rolltreppe, und auch der junge Hund gesellte sich wieder zu ihm. Der Engel streichelte den Hund und kraulte ihn, was beiden sichtlich Vergnügen bereitete. Langsam wurde es ruhiger, und einige Geschäfte ließen schwere Gitter vor ihre Türen herab.

Endlich, dachte der Engel, wenn der Lärm nachläßt, wird mich sicher jemand anhören. Bald kamen auch schon zwei Männer auf ihn zu. Der Engel wollte gerade nach freundlichen Worten suchen, da fuhr ihn einer der Männer an: „Sie wissen doch, daß Sie hier nicht übernachten dürfen, die Notschlafstelle ist zwei Straßen weiter, Richtung See." Da machte sich der Engel auf den Weg, der Hund sprang übermütig neben ihm her. So lief der Engel mit dem Hund durch die nächtliche Stadt. Auf den Straßen fuhren noch unzählige Autos, aber Fußgänger trafen sie keine mehr. Der Hund schnupperte am Boden und lief zu einem unbeleuchteten Geschäftseingang. Dort lag eine Gestalt am Boden, die Arme unter den Kopf geschoben und einige Zeitungen über sich gebreitet. „Da bist du ja wieder", murmelte die Gestalt, und der Hund ließ sich neben dem Mann nieder. „Ist das Ihr Hund?" fragte der Engel schüchtern. „Das kann man nicht so sagen," erwiderte der Mann, „aber ab und zu übernachten wir am gleichen Ort. Und Du, wo kommst denn Du her, Dich habe ich noch nie hier in dieser Gegend gesehen." –

„Ich bin nicht von hier", antwortete der Engel wahrheitsgemäß, „ich weiß noch nicht, wohin in dieser Nacht. Am Bahnhof sagte man mir, ich solle zur Notschlafstelle gehen." – „Kannste vergessen. Total überfüllt heute Nacht."

Bereitwillig rutschte der Mann zur Seite, und der Engel ließ sich neben ihn auf dem Boden nieder. „Kalt geworden", sagte er zaghaft, und er hatte Angst, daß auch dieses Gespräch bald zu Ende sein würde. „Du kommst wohl aus wärmeren Gegenden. Ausländerin, was?" murmelte der Mann. „Ich möchte vom Frieden sprechen, von der Freude und der Nähe G." Weiter kam der Engel nicht, denn der Mann unterbrach ihn barsch: „Du hast wohl 'nen religiösen Tick, verschon' mich mit dem Gelaber, davon hatte ich genug mein Leben lang!"

Wie kann man genug haben von Gottes Nähe, Frieden und Freude, dachte der Engel. Jetzt wollte er aber vorsichtiger sein, denn er hatte die unbeirrbare Hoffnung, diesem Menschen doch noch die Weihnachtsbotschaft verkünden zu können. „Glaubst du denn nicht an den Frieden?" fragte er nach einer Weile. „Frieden! Daß ich nicht lache", höhnte der Mann. „Hier, liest du keine Zeitungen? Sieh nur, da versucht ein Staatsmann, sich zu ändern, nachdem er jahrelang dem Krieg vertraute; er beginnt mühsame Verhandlungen, zähe Gespräche, und ausgerechnet bei einer Friedenskundgebung – peng – peng – peng – die eigenen Leute haben ihn abgeknallt. Da setzt sich ein anderer für die kranke Natur ein, will Veränderung durch Information bewirken, da nimmt ihn das Militärregime gefangen und hängt ihn – trotz aller Proteste. Und du fragst mich, ob ich an den Frieden glaube – ha – ha – ha! Aber du brauchst gar nicht so weit gehen. Sieh dich doch hier um. In meiner Familie – ewig Krach, Streit. Am Arbeitsplatz, jeder mißgönnt dem anderen, was er hat, und will selber noch ein Stück mehr vom Kuchen. Einmal hab ich mich einem Freund anvertraut, am nächsten Morgen wußte es schon der Chef, daß ich HlV-positiv bin, naja, ist jetzt auch egal."

Lange überlegte der Engel und schwieg. Was sollte er dem entgegensetzen? Da konnte er wirklich nicht einfach vom Frieden und von der Freude singen. „Aber es muß doch etwas geben, wonach du dich sehnst", fragte der Engel sanft. „Natürlich gibt es Sehnsucht, aber ich habe mir abgewöhnt, daran zu glauben", murmelte der Bettler. „Sag mir trotzdem, wonach du dich gerade sehnst", bat der Engel mit sanfter Stimme. „Denn alles, was man ersehnt, lebt irgendwo, geht nicht verloren, ich weiß es." „Ich sehne mich nach warmen Füßen und nach einem Schluck Schnaps." Der Engel löste die Schuhriemen des Bettlers, zog ihm die Schuhe aus und wärmte einen kalten Fuß in seinen Händen. Derweil leckte der Hund den anderen Fuß. „Ach, wie wohl mir ist, endlich warme Füße." Der Engel dachte nach, wie er auch den anderen Wunsch des Bettlers erfüllen konnte. „Warte kurz, ich bin gleich zurück."

Der Engel mit der seltsamen Kleidung rannte durch die Straßen. In einem Restaurant wurde gerade gelüftet. Durch das offene Fenster sah der Engel neben einer abgegessenen Salatplatte eine Scheibe Brot und eine halbe Flasche Wein stehen. Rasch griff er durchs Fenster und rannte, so schnell er konnte, davon. Beim Bettler angekommen, kniete er nieder und hielt ihm das Stück Brot und den Wein entgegen. „Du bist ein seltsames Mädchen", lächelte der Bettler, „wieviele Wünsche willst du mir noch erfüllen?" – „Vielleicht ist es auch mit allem anderen so", flüsterte der Engel. „Vielleicht beginnt auch der Frieden in unseren Herzen, wenn wir uns nur fest danach sehnen. Vielleicht ist auch Gott spürbar nah, wenn wir nicht aufhören, uns nach ihm auszustrecken." – „Mir ist so seltsam", murmelte der Bettler, „kannst du nicht ein wenig näher rücken?" – „Hast du noch einen Wunsch, kann ich etwas für dich tun?" – „Ach, gleich wirst du mich auslachen, aber ich hätte wirklich noch einen großen Wunsch." – „Sag es mir, getrau dich, ich lache nicht", sprach der Engel ernst. „Gut, dann sing mir ein Lied, sing, wie meine Mutter früher sang." Und als der Bettler erkannte, daß der Engel ihn liebevoll ansah und keinesfalls spöttisch lachte, da nahm er seinen Mut zusammen und fügte hinzu: „Wieg mich in deinen Armen, wieg mich, wie man ein Baby wiegt."

Der Engel öffnete seine Jacke, nahm den Armen nah an sich, wiegte ihn sanft und begann zu singen: „Gott ist nah, allen Armen, er kommt und läßt sich von uns wiegen, er wird unser Kind. Friede wird aufblühen wie eine Rose. Freude wird dauerhaft sein, nie mehr welken." So sang der Engel, und während er den Bettler in den Armen hielt, spürte er, wie leicht der Körper wurde, leicht wie ein Wickelkind, zart wie ein Neugeborenes. Da wußte der Engel, daß auch er zurückkehren konnte, er hielt sich einfach an der aufsteigenden Seele des Bettlers...

„Seltsam", sagte der Sanitäter, als er am Weihnachtsmorgen den Erfrorenen auf die Bahre hob, „der Tote sieht aus, als ob er lächle." Er konnte ja nicht wissen, daß der Bettler in den Armen eines Engels diese Erde verlassen hatte.

Der Hund aber streunt wieder durch die Straßen und sucht nach einem, den er festhalten kann und dem er auf seine Weise die gute Botschaft auf die Füße oder Hände lecken kann.

Elisabeth Bernet

Die Menschwerdung

Was die Engel an Weihnachten künden und dem heiligen Franz ins Herz singen, ist eine unerhörte Neuigkeit: Gott setzt sich zu uns in Beziehung, nicht auf der Ebene von

Macht und Herrlichkeit, sondern ganz konsequent und radikal als Liebe. Er zeigt sich nicht in seiner Allmacht, die über alles verfügt, sondern in seiner Liebe, die sich verletzbar macht. Wenn Gott sich offenbart, dann so, daß er sich selbst entblößt – in die Nacktheit des Kindes und des Kreuzes hinein.

Gott ist demütig, er nimmt sich zurück, um dem Menschen Raum zu geben; er verbirgt sich, indem er sich so zeigt; er zeigt sich, indem er sich verbirgt: im Kind, das auf dem Stroh liegt, im Menschen, der nichts hat, worauf er sein Haupt legen könnte (vgl. Mt 8, 20); im Schrei eines gefolterten und gekreuzigten „Verbrechers"; in einem Stück Brot (Eucharistie), aber auch in den Aussätzigen, Kranken, Flüchtlingen...

Es mag zwar richtig sein, daß Gott alle unsere Vorstellungen übertrifft, wie ein Satz meint, der sich seit alters her dem Menschen eingeprägt hat: Gott ist immer noch größer, als ich mir denken kann. Aber Franziskus würde ganz gewiß hinzufügen: Gott ist immer noch kleiner, als wir uns vorstellen können. Indem er ein Kind wird, unterwandert er alles, was wir von ihm denken mögen oder erfahren könnten. Er unterwandert auch die Werturteile und zeigt sich gerade dort, wo wir ihn von unserer Moral oder von unserem Wertempfinden her nicht vermuten würden. Es ist sonderbar: Gott zeigt sich in seinem absoluten Gegenteil: im Nichts, im Geschöpf, im Kleinsten und Unscheinbarsten, am Rande und zuunterst.

Weihnachten ist also nicht einfach eine rührselige Begegnung mit einem Kind. Franziskus will in seinem Krippenspiel die menschliche Not – und Zwangssituation leibhaft erkennen, in die das göttliche Kind hineingeboren wird. Gott, der in sich frei und unabhängig ist, unterwirft sich den Gesetzmäßigkeiten menschlicher Geschichte und den schrecklichen Mechanismen wirtschaftlicher und politischer Macht.

Gott wird einem Obdachlosen gleich, für den es in der organisierten Gesellschaft der Stadt keinen Platz gibt, einem Flüchtling, der irgendwo zufällig, sozusagen am Straßenrand und unter menschenunwürdigen Bedingungen in einem Futtertrog zwischen Ochs und Esel geboren wird.

Die Demut Gottes verbindet sich mit der Erniedrigung und Verachtung des Menschen. Gott ist bei denen, über die man die Nase rümpft, die man an den Rand drängt oder sogar aus der menschlichen Liebe ausschließt, bei den Aussätzigen und Armen. Ihnen gehört darum die liebende Solidarität derer, die die Religion der Menschwerdung feiern – mitten im Jahr, in Greccio und dort, wo sie gerade sind.

6
La Foresta
Der zerstörte Weinberg, oder:
Franziskus und die Kirche

Die Religion, der sich Franziskus verpflichtet fühlt, bezieht sich letztlich auf eine ganz bestimmte Person: Jesus von Nazaret. In ihm hat Gott ein eindeutiges Gesicht bekommen. Wir brauchen ihn nicht zu fürchten, weil er Liebe ist, Gnade über Gnade. Alle, die sich auf das Ereignis der totalen Hingabe Gottes in der Menschwerdung einlassen, können in sich eine neue Kraft erfahren. Sie fühlen sich ermächtigt, sich Kinder Gottes zu nennen. Und sie dürfen, wie Johannes in seinem ersten Brief betont, jetzt schon so heißen (vgl. 1 Joh 3, 1), mehr noch: Sie dürfen sich als solche in Tat und Wahrheit fühlen, weil sie es sind. Und kühn fügt er hinzu: In der Zukunft, die Gott ist, werden wir sogar noch mehr sein (vgl. 3, 2).

Was ist von diesem befreienden Impuls geblieben? Die Kirche. Doch was ist die Kirche? Sie kann die Versammlung der Kinder Gottes sein, die ihre neue Kraft und innere Mächtigkeit erfahren und feiern. Etwas davon spüren wir immer wieder bei unseren gemeinsamen Wegen auf den Spuren des heiligen Franziskus. Auf der anderen Seite sind viele geprägt von Verletzungen, die ihnen Vertreter dieser Kirche zugefügt haben. Die Kirche kann auch Verräterin sein am lebendigen Erbe Jesu. Und die Meinung ist weit verbreitet, daß sie mehr Verräterin ist als Gemeinschaft der Kinder Gottes. Dieser Zwiespalt zeigt sich auch, wenn wir bedenken, was in La Foresta vorgefallen ist.

Zweifel

Ob *La Foresta* tatsächlich der Ort ist, an dem sich die Ereignisse des Jahres 1225 abspielten, wird seit einigen Jahren bestritten. Der Kampf zwischen den Parteien – auf der einen Seite die Forscher des Bistums und der Franziskaner, auf der anderen ein paar Lokalhistoriker – wird mit allen Mitteln der Polemik geführt, eine Art wissenschaftlicher Auseinandersetzung, die uns fremd geworden ist. Daß es zu einer solchen Auseinandersetzung kommen konnte, hängt damit zusammen, daß der Ort, wie wir sehen werden, nicht in ununterbrochener Abfolge von den Franziskanern bewohnt war, und daß die diesbezüglichen geographischen Angaben eher diffus sind. Was heißt das schon: Die Nähe von Rieti, ein lieblicher Ort zum Ausruhen, eine Kirche mit Weinberg, die von einem Bistumspriester betreut wurde? Und könnte es nicht statt „San Fabiano" „San Flaviano" heißen? Wobei mit Fabian ein Papst gemeint wäre, der unter Kaiser Decius gemartert und in den Katakomben des hl. Callixt beerdigt ist, mit Flavian (= Flabian) hingegen ein Bischof von Antiochien aus dem 4. Jahrhundert. Es könnte also, wenn man solche Verschreiber annehmen mag, auch ein anderer Ort in der Nähe von Rieti in Frage kommen. Folgerichtig nennt man denn auch einen solchen: Campomoro am Velino, wo der genannte Bischof verehrt wurde und wo früher ein Klarissenkloster stand, etwa 300 Meter außerhalb des Aringo-Stadttores. Aber die Argumente scheinen doch alle bei den Haaren herbeigezogen zu sein, die Gegenargumente sind schlüssiger.

La Foresta: Teil des Kreuzgangs

San Felice

So machen wir uns auf den Weg nach La Foresta, dem Ort, der etwa 1½ km von Rieti entfernt ist. Allerdings lassen wir uns vom Bus über Vazia – eine herrliche Wegstrecke – nach *San Felice* in die Nähe von Cantalice bringen. Diese Kirche steht an der Stelle, wo einmal das Elternhaus des einfachen Kapuzinerbruders stand, der im 16. Jahrhundert ein heiteres und gelöstes Christentum lebte. Sein Freund, Philipp Neri, und er, Felix, hatten schon zu Lebzeiten den Ruf, Heilige zu sein. Um diesen Ruf zunichte zu machen, überschütteten sie sich eines Tages mit Schnaps und torkelten durch die Stadt Rom… Die Römer ließen sich nicht täuschen. Auf jeden

Fall gehören die beiden zu den heitersten und erlöstesten Gestalten des Christentums. Sie haben begriffen, was Menschwerdung Gottes bedeutet. Was bedeutet es dann, ein Heiliger zu sein? Woher kommen die Maßstäbe? Wer darf schon urteilen?

Hier lassen wir uns einstimmen, um etwa einen fünfzigminütigen Weg in der Stille nach La Foresta zu gehen.

Wann kennt und liebt man die Menschen?

Anna verbeugte sich nach der zweiten Zugabe und entdeckte unter den Applaudierenden das Gesicht von Richard. Ein kleines Zeichen genügte, er verstand und wartete beim Ausgang auf sie.

Lange hatten sie sich nicht gesehen, und Anna freute sich, den früheren Kollegen aus dem Schuldienst wiederzusehen. „Kommst Du noch auf ein Glas Wein in den Rebstock?" fragte Richard, und nach Annas Kopfnicken schlenderten beide durch die Kleinstadt. Der erste warme Sommerabend nach langen Regentagen hatte viele Menschen ins Freie gelockt und den wenigen Restaurants des Städtchens endlich volle Tische beschert.

Anna und Richard fanden gerade noch zwei freie Plätze und begannen, einander in alter Vertrautheit zu erzählen, was ihnen aus der letzten Zeit ihres Lebens wichtig erschien. Anna, gut zehn Jahre älter als Richard, war seit längerer Zeit verwitwet und lebte im Haus ihrer jüngeren Schwester. Als Lehrerin war sie sehr beliebt, und durch ihr beeindruckendes Geigenspiel hatte sie viele Bewunderer. Dennoch hatte sie nach dem Tod ihres Mannes den Mut zu einer zweiten Ehe nicht gefunden. Zudem waren ihr im Laufe der Zeit viele interessante Aufgaben zugefallen, die ihre Zeit und Kraft beanspruchten. Aber von all dem berichtete sie Richard nichts. Er konnte es sich sowieso denken. Lange genug hatte er in der gleichen Kleinstadt gelebt. Als er eines Tages offen zu seiner homosexuellen Veranlagung stand, hatte die Schulpflege seine Entlassung durchgesetzt. Einzig Anna hatte unter den Kolleginnen und Kollegen den Mut gehabt, sich heftig und offen für seine weitere Anstellung einzusetzen. Doch das lag lange zurück.

„Richard, wann kennt man die Menschen, und wann kann man sagen, daß man sie trotz aller Schwächen liebt?" fragte Anna nach einer längeren Stille. „Ausgerechnet mich fragst Du das?" erwiderte Richard. Nach einer nachdenklichen Pause fuhr er aber dann doch fort: „Ich glaube, ich habe die Menschen erst dann richtig kennengelernt, nachdem ich keinerlei Ansehen und keine Privilegien mehr hatte. So schmerzlich auch mein Wegzug damals war, erst durch all die Erfahrungen habe ich meine Mitmenschen echt erlebt und vielleicht auch nur so Freunde gefunden und zum Freund werden können. Ich hoffe es jedenfalls."

Anna fuhr halb scherzend, halb ernst fort: „Trotz meines fortgeschrittenen Alters habe ich das noch nicht geschafft. Immer noch genieße ich die Privilegien, immer noch glauben die meisten Leute hier, daß ich etwas Besonderes sei, immer noch halten mich viele für eine ‚gute und anständige' Frau."

„Aber das bist Du doch auch", meinte Richard leicht irritiert. „Sieh, das ist es ja gerade, was mich beschäftigt", begann Anna von neuem. „Meine Schwester gilt als Flittchen, nur weil ihre erste Ehe mit Ananda in die Brüche ging. Dabei hat sie diesen afrikanischen Mann wirklich geliebt. Die kulturellen Unterschiede und die Herkunftsfamilien haben jeden wirklichen Neuanfang unmöglich gemacht. Danach hat meine Schwester noch oft mit viel Einsatz und Hingabe versucht, eine neue Beziehung aufzubauen. Jedes Mal ging es schief, und die sogenannten Wohlanständigen haben das ihre dazu beigetragen. Du solltest hören, wie sich die Leute das Maul zerreißen. Vor allem jetzt, wo sie sich ab und zu mit Christian trifft, der noch nicht geschieden ist. Ich dagegen gelte fast als Heilige. Dabei glaube ich, daß die Krankheit und der frühe Tod meines Mannes uns jegliche ernsthafte Auseinandersetzung erspart hat. Und nur, weil er als Arzt beliebt und geschätzt war, und ich keine neue Beziehung einging, soll mein Leben besser sein?"

Anna und Richard schwiegen lange, dann beugte sich Anna sanft vor und flüsterte Richard zu: „Würdest Du mir einen großen Gefallen tun?" „Warum fragst Du, das weißt Du doch", gab Richard verwundert zur Antwort. „Dann küß mich jetzt, lange und ausgiebig, bitte." „Mit dem allergrößten Vergnügen", sagte Richard und nahm Anna stürmisch in die Arme.

Es wurde still auf der Terrasse des Rebstocks. Und wenn die beiden, die sich jetzt eng umschlungen in den Armen lagen, bisher nur rein zufällig von den Blicken der Umsitzenden gestreift worden waren, so wurden sie jetzt unverhohlen angestarrt. Einigen stand der Mund noch offen, als Richard und Anna schon aufgestanden waren und Arm in Arm davongingen.

Einige Tage später läutete bei Richard das Telefon. Anna meldete sich und berichtete, daß ihre Schwester aufatmen könne und einmal nicht im Mittelpunkt des negativen Interesses stünde. Sie hingegen hätte bereits eine Vorladung bei der Schulpflege, vor allem wegen ihres militärkritischen Artikels in der Sonntagszeitung. Aber das sei wohl eher ein Vorwand.

Auf die Frage, wie es ihr gehe, wenn sie von all den ‚Mitmenschen' absehe, antwortete sie: „Ich lerne, Richard, ich lerne, vielleicht endlich all die Lektionen, die ich bisher gescheut habe anzusehen. Außerdem möchte ich weiterhin wissen, ob ich die Menschen lieben kann, gerade dann, wenn sie sich mir nicht voller Komplimente nähern."

Bevor sie den Hörer auflegte, hörte sie Richards Stimme, halb schelmisch, halb ernst antworten: „Du weißt, ich unterrichte weiterhin leidenschaftlich gern."

Elisabeth Bernet

La Foresta: Gebetshöhle des hl. Franziskus

Der Weg führt an einigen Häusern vorbei; nachher nehmen wir zweimal bei Verzweigungen den linken Weg. So kommen wir ins Tal hinunter, wo wir links auf der breiten Straße weitergehen, bis wir den Bach überquert haben. Gleich nachher verläuft rechter Hand ein Weg zunächst dem Bach entlang und dann durch ein Wäldchen, an einem Haus mit bellenden Hunden vorbei, bis der breite Fahrweg plötzlich aufhört. Man muß etwas suchen, um den Fußweg zu finden, der durch den Wald hinaufgeht, wo dann schon bald ein sprudelnder Brunnen die Nähe der Einsiedelei ankündigt. Dann sind es nur noch wenige Schritte, und wir sind angekommen.

Der Weinberg als Metapher

Bevor wir das Klösterchen betreten, hören wir die Geschichte, welche uns Augenzeugen berichten. Bezeichnend, daß sie nicht in die offizielle Lebensbeschreibung des heiligen Franz aufgenommen wurde. Denn, es darf doch nicht sein, daß sich so hochgestellte Männer der Kirche benehmen wie Elefanten im Porzelanladen.

Der zerstörte Weinberg

Zur selben Zeit weilte der selige Franziskus wegen der Augenkrankheit bei der Kirche San Fabiano in der Nähe von Rieti. Bei dieser Kirche lebte ein armer Weltpriester.
  Damals weilte auch der Herr Papst Honorius mit anderen Kardinälen in der Stadt. Daher besuchten viele Kardinäle und andere hohen Kleriker den heiligen Franziskus fast täglich wegen der Ehrfurcht und der Verehrung, die sie ihm gegenüber empfanden.

Zur genannten Kirche gehörte ein kleiner Weinberg, gleich neben dem Haus, in dem der selige Franziskus zu Gast war. Deshalb betraten fast alle, die ihn besuchten, den Weinberg. Zu jener Zeit waren die Trauben reif, und es war ein lieblicher Ort zum Ausruhen. Und so geschah es, daß aus diesem Anlaß fast der ganze Weinberg zerstört wurde. Denn einige pflückten die Trauben und aßen sie dort, andere pflückten sie und trugen sie weg, wieder andere zertraten die Weinstöcke mit den Füßen.

Deshalb begann der Priester sich zu ärgern und sich aufzuregen. Er sagte: „In diesem Jahr habe ich meinen ganzen Weinberg verloren. Wenn er auch klein ist, gewinne ich gewöhnlich doch soviel Wein aus ihm, daß er für meine Bedürfnisse ausreicht."

Als das der selige Franziskus hörte, rief er den Priester zu sich und sagte: „Beunruhige und ärgere dich nicht länger, denn wir können nichts dagegen tun. Vertrau vielmehr auf den Herrn, da er dir durch mich, sein Knechtlein, den Schaden wiedergutmachen kann. Wieviele Fässer Wein hattest du bei der besten Ernte?" „Vater, dreizehn Fässer", antwortete er. Der selige Franziskus sagte darauf: „Betrüb dich nicht länger und sag kein unrechtes Wort gegen irgend jemanden, streit mit niemandem und hab' Vertrauen auf den Herrn und meine Worte. Und wenn du weniger als zwanzig Fässer Wein haben wirst, werd ich sie dir ergänzen lassen." Da beruhigte sich der Priester und war zufrieden und schwieg. Und es geschah durch göttliche Fügung, daß er tatsächlich nicht weniger als zwanzig Fässer Ertrag hatte.

Der Priester und alle anderen, die dies hörten, wunderten sich sehr. Es war für ihn ein großes Wunder, das Gott durch die Verdienste des seligen Franziskus wirkte. Denn es schien ihm und auch den anderen unmöglich, aus dem Weinberg zwanzig Fässer Wein zu bekommen, selbst dann, wenn er nicht so verwüstet und abgepflückt worden, sondern voller Trauben gewesen wäre.

Daher bezeugen wir, die wir mit ihm waren, daß immer, wenn Franziskus sagte: „So ist es", oder: „So wird es sein", es auch so geschah. Wir sahen viel in Erfüllung gehen, solange er lebte und ebenso nach seinem Tod.

TsP 67

Gleich zweimal wird an diesem Ort die Kirche zum Thema. Einmal durch die Geschichte vom zerstörten Weinberg selbst. Franziskus versteckt sich im Haus eines einfachen Landkaplans. Denn es ist wie immer, wenn er sich einer Stadt nähert. Massenweise erwarten ihn die Menschen auf der Piazza oder laufen ihm entgegen. So will Franziskus in La Foresta ruhigere Zeiten abwarten. Auf irgendeine Weise jedoch erfahren die Leute, wo er sich aufhält, ziehen hinaus und belagern den Ort, darunter viele Bischöfe und Kardinäle, die meinen, sich mehr als andere vorwagen zu dürfen. Sie zertrampeln den Weinberg, von dem der dort ansässige Priester seinen Lebensunterhalt bestreiten muß. Voll Verzweiflung wendet sich dieser an Franziskus, der ja eigentlich schuld ist an dem ganzen Schaden. Franziskus tröstet den Priester und verspricht ihm, daß er diesen Herbst eine besonders reichhaltige Ernte haben wird. Und so wird es denn auch geschehen.

Hinter der Anekdote liegt gewiß ein tieferer Sinn. Denn sowohl im Alten als auch im Neuen Testament ist der Weinberg immer auch eine Metapher für das Volk Israel bzw. die Kirche. Eine reiche Ernte steht für die Verheißungen Gottes, Verwüstung für das Gericht. Das Weinberglied des Propheten Jesaja beginnt wie ein Liebeslied und endet als Gerichtswort. Und von bösen Winzern ist die Rede, die den Weinberg zerstören. Wer hörte nicht die prophetische Kritik heraus, die auf diese Weise an denen geübt wird, denen der Weinberg anvertraut ist? Leise, aber bestimmte Kritik an höheren Geistlichen ist der verborgene Sinn dieser Geschichte, darf man schließen.

Das Weinbergmotiv spielt auch bei den Vertretern der sogenannten „ecclesia spiritualis" (= der „geistlichen Kirche") einer kirchenkritischen Richtung unter den Franziskanern, eine nicht unbedeutende Rolle. Über Jahrhunderte lebten einige davon hier in La Foresta, zum Teil aus Kirche und Orden ausgestoßen.

Die „Spiritualen", wie man diese Franziskaner auch nannte, hatten eine ganz bestimmte Auffassung von Kirche. Gleichzeitig kontemplativ und arm sollte sie sein. Kontemplativ, das heißt: ganz und gar in Gott verwurzelt, ein Ort der geschauten Gegenwart des lebendigen Gottes; und arm: ohne Besitz und Macht, in konsequenter Solidarität mit den Armen. Die „Clarener", so benannt nach ihrem Führer Angelo Clareno, vertraten diese Meinung eifernd und aggressiv. Sie wurden verfolgt und exkommuniziert, konnten sich aber trotzdem halten, bis sie wieder zum Orden zurückfanden. – Aber so ganz unrecht hatten die Spiritualen doch wohl nicht, oder?

Das Kloster

Die Kirche des heiligen Papstes Fabian war, wie gesagt, von Bistumspriestern betreut. Wir wissen, daß sie bald nach den oben geschilderten Ereignissen von Einsiedlern abgelöst wurden, die in dieser lieblichen Gegend Gott suchen wollten.

1346 kamen die Clarener an den Ort und bauten allmählich die Kirche zum Kloster aus. Sie blieben bis 1568, wo sie – wiederum mit der Kirche versöhnt – mit der Römischen Franziskaner-Provinz vereinigt wurden. In den Heften und Büchern, die zum Ort verfaßt worden sind, wird oft sehr negativ über sie gesprochen. Das Volk, das ihnen wegen ihrer Armut und Strenge über zwei Jahrhunderte anhing, hatte da wohl ein besseres Urteilsvermögen.

Wir gehen zuerst in *die Kirche*. Bereits von außen ist die ursprüngliche Kirche an der eigenartigen Mauerrundung zu erkennen. Sie steht quer zur seither vergrößerten Kirche und geht möglicherweise sogar auf eine heidnische Epoche zurück, wie entsprechende Funde zeigen. Der Altar stammt noch aus der Zeit des heiligen Franz. Interessant sind die Fresken aus dem 15. Jahrhundert, die in der Chornische und an der Wand der alten Kirche dargestellt sind. Sie zeigen die Kindheitsgeschichte Jesu, Maria, Papst Fabian, Katharina und andere Heilige.

Weniger interessant ist die neuere Kirche, sehenswert sind eigentlich nur die modernen Glasfenster, welche die Clarener beim Bau des Klosters darstellen.

Wir treten in den Kreuzgang aus dem 15. Jahrhundert hinaus. Wegen seiner Einfachheit nimmt er sofort Augen und Herz gefangen und führt in die große Stille. Rechter Hand befindet sich das Gasthaus, in dem Franziskus mit seinen Begleitern vier Monate weilte. Im vorderen Teil liegen der Weinkeller, im hinteren Teil die Küche, im ersten Stock die Schlafzimmer. Auf der Rückseite des Klosters findet man die Zelle, in die sich Franziskus zur Begegnung mit Gott zurückzog.

Schon vor vielen Jahren mußten die Franziskaner aus Personalmangel diesen „lieblichen Ort" aufgeben. Nachdem

La Foresta: Kreuzgang

Franziskanerinnen ihn einige Jahre bewohnten, wird er heute belebt von der Gemeinschaft „Mondo X". Es handelt sich dabei um eine Gründung des Franziskaners Eligio, des ehemaligen Seelsorgers des berühmten Fußballclubs „Inter Milan". In seiner Eigenschaft als Telefonseelsorger kam er mit dem Drogenproblem in Berührung. Der phantasievolle und initiative Bruder fühlte sich berufen, die genannte Gemeinschaft zu gründen, die heute vom Franziskanerorden anerkannt ist und noch in vielen anderen ehemaligen Klöstern anzutreffen ist. Sie besteht vor allem aus Menschen, die durch einen strengen und einfachen Lebensstil und eine entsprechende moralische Einstellung einen Ausweg aus der Sucht suchen. Franziskus soll ihnen dabei Leitfigur sein. Wenn man mehr erfahren will, geben die Mitglieder der Gemeinschaft gerne Auskunft über ihr Leben.

Der Sonnengesang

An diesem Ort erfährt man seit einigen Jahren auch, daß Franziskus hier seinen Sonnengesang gedichtet habe. Deswegen steht vor dem Kloster ein großes Denkmal, das daran erinnern soll.

Wiederum muß ein vermuteter Abschreibfehler als Argument herhalten. San Fabiano statt San Damiano. Doch läßt sich ein solcher nirgendwo nachweisen. Und auch andere Gründe lassen sich mit Leichtigkeit zurückweisen. Das Ganze erweist sich bei näherem Zusehen als Konstruktion eines Lokalpatrioten.

Trotzdem ist ein Ort, an dem von der Süßigkeit der Trauben und von der Lieblichkeit der Natur die Rede ist, eine Einladung, mit Franziskus das Lob der Schöpfung zu singen. Wer sich vom Reiz der vorhandenen Dinge ansprechen läßt, kann nur staunen, verweilen und anbeten. Und wer in Gott versunken ist, muß ihn als den Schöpfer des Universums wahrnehmen und in eine konsequente Solidarität mit allem, was ist, eintreten. Das Lied, das uns Franziskus hinterlassen hat, ist der Ausdruck geschenkter Kraft und neu erfahrenen Lebens. Und sicher auch der ersehnten und erlebten Geschwisterlichkeit, der kirchlichen Communio, die ihren Verrat hinter sich gelassen hat und nur noch die Quelle des gemeinsamen Lebens feiert.

Der Sonnengesang

Höchster allmächtiger guter Herr
Dir sei das Lied die Herrlichkeit die Ehre
und aller Segen
Dir allein Höchster kommen sie zu
Kein Mensch ist würdig dich zu nennen

Lob sei dir mein Herr mit deiner ganzen Schöpfung
vor allem mit dem Herrn Bruder Sonne
Er bringt uns den Tag
und spendet uns Licht
Schön ist er
und strahlend mit großem Glanz
Von dir Höchster ein Zeichen

Lob sei dir mein Herr durch Schwester Mond
und die Sterne
Am Himmel formtest du sie
glänzend kostbar und schön

Lob sei dir mein Herr durch Bruder Wind
durch Luft und Wolken
durch heiteres und jedes Wetter
Durch ihn gibst du deiner Schöpfung Leben
Lob sei dir mein Herr durch Schwester Wasser
Sehr nützlich ist sie demütig kostbar und rein

Lob sei dir mein Herr durch Bruder Feuer
Durch ihn ist die Nacht erhellt
Schön ist er freundlich kraftvoll und stark

Lob sei dir mein Herr durch unsere Schwester Mutter Erde
Sie belebt und lenkt uns
Sie erzeugt viel Früchte
farbige Blumen und Gräser

Lob sei dir mein Herr durch jene
die um deiner Liebe willen vergeben
und Schwachheit und Not ertragen
Selig die ausharren in Frieden
Du Höchster wirst sie krönen

Lob sei dir mein Herr
durch unsere Schwester den leiblichen Tod
Kein lebendiger Mensch kann ihr entrinnen
Weh denen die in tödlicher Schuld sterben
Selig die sie findet in deinem heiligsten Willen
Der zweite Tod tut ihnen nichts Böses

Lobt und segnet meinen Herrn
Dankt und dient ihm in großer Demut

Franz von Assisi

7
Narni

Das franziskanische Kana: Leben in Fülle

Die Erfahrung, die Franziskus mit seinem menschgewordenen Gott machte, war auf jeden Fall eine solche der Überfülle Gottes. Gott ist ein Gott der Lebendigen, nicht der Toten. Er will, daß wir das Leben haben und es in Fülle haben. Und zwar nicht erst am Sankt Nimmerleinstag, sondern hier und jetzt, in unseren Tagen.

Es gehört zu den großen Irrlehren des Christentums, den biologischen Tod als die Scheidelinie schlechthin zu bezeichnen. Vorher ist irdisches, nachher ewiges Leben. Für den ersten Johannesbrief ist der Tod ein Datum der Vergangenheit: Er liegt hinter uns, vor uns ist nur das Leben! Die Liebe Gottes, in die hinein wir uns fallen lassen können, macht unser Hier und Jetzt lebendig. Der entscheidende Augenblick des Lebens ist darum der Moment, in dem wir uns glaubend und vertrauend in die Liebe Gottes fallen lassen.

Das Johannesevangelium (2,1–11) bezeugt das in einem Zeichen, das Jesus in Kana gesetzt hat: ein Zeichen für den Überfluß des göttlichen Lebens, das wir schon in unserer Zeit erfahren dürfen. An einer Hochzeit verwandelt er noch über 600 Liter Wasser in köstlichen Wein, nachdem die Festversammlung ganz offensichtlich schon weinselige Lieder sang. Gottes Nähe, die in Jesus erfahrbar wird, will, daß die Lieder tönen, die Paare tanzen, der Wein in Strömen fließt. Gott will die Ekstase des Menschen, das Außersichsein vor lauter Freude. – Franziskus erlebt sein Kana in einer Einsiedelei, die etwa 17 km von Narni entfernt ist.

Von Rieti aus fahren wir durch eine wunderbare Landschaft über Contigliano und Cottanello Richtung Terni, zweigen aber am Fuß des Städtchens Stroncone dem Wegweiser „Sanctuario Francescano" folgend nach links ab.

Leben in der Einsiedelei

Der *Speco di Narni* oder die Einsiedelei von *Sant' Urbano* gehörte ursprünglich den Benediktinern und geht etwa ins Jahr 1000 zurück. Das heutige Kloster ist vor einigen Jahren zum Haus der Stille erklärt worden, in dem einige Franziskaner wieder nach der Regel leben wollen, die Franziskus für solche Orte geschrieben hat. Selbstverständlich müssen

Speco di Narni: Oratorium des hl. Franz

Besucher darauf Rücksicht nehmen. Der Aufenthalt muß kurz sein, und vor allem ist auf die Werte zu achten, die überall an diesen Orten gelten: decoro – silenzio – rispetto.

„Decoro" verweist uns auf die Grenzen, welche durch die Schicklichkeit und das „gute Empfinden" gesetzt sind, „silenzio" auf die Stille, die nicht nur aus Rücksicht auf die betenden Brüder geboten ist, sondern hoffentlich auch dem eigenen Bedürfnis nach Gott entspricht, und „rispetto" meint letztlich jene Ehrfurcht, die dem Heiligen entspricht.

Die Regel für Einsiedeleien

Um freiwillig geistlich in einer Einsiedelei zu leben,
braucht es drei Brüder oder höchstens vier.
Zwei von ihnen sollen Mütter sein
und zwei Söhne haben
oder wenigstens einen.

Diese beiden Mütter
sollen das Leben Martas leben
und die beiden Söhne das Leben Marias.

Die Söhne sollen einen abgegrenzten Bezirk haben,
wo jeder seine Zelle hat.
Darin soll er beten und schlafen.
Sie sollen immer die Komplet des Tages beten,
sobald die Sonne untergegangen ist.
Sie sollen bemüht sein,
das Schweigen einzuhalten.
Sie sollen das Stundengebet beten.
Sie sollen für eine nächtliche Gebetszeit aufstehen
und zuerst das Reich Gottes suchen und seine Gerechtigkeit.

Sie sollen die Prim beten, wenn die Zeit dafür da ist,
und nach der Terz das Schweigen lösen.

Dann können sie reden
und zu ihren Müttern gehen.
Wenn es ihnen gefällt, können sie von ihnen Almosen betteln
wie die kleinen Armen
mit dem Hinweis, daß Gott liebt.
Dann sollen sie die Sext und die Non beten.
Die Vesper sollen sie beten, wenn die Zeit dafür da ist.
Zum abgegrenzten Bezirk, in dem sie sich aufhalten,
soll niemand Zutritt haben.
Und sie sollen da auch nicht essen.

Die Brüder, die Mütter sind,
sollen sich von allen Menschen fernzuhalten suchen.
Im Gehorsam gegenüber dem Bruder,
der beauftragt ist, der ganzen Bruderschaft zu dienen
   (= Minister),
sollen sie ihre Söhne behüten
vor anderen Menschen.
Niemand soll mit ihnen reden können.

Und auch die Söhne sollen mit niemandem reden
außer mit ihren Müttern und mit ihrem Minister und Hüter,
falls es ihm gefallen sollte, sie mit dem Segen Gottes zu besuchen.

Die Söhne sollen von Zeit zu Zeit das Amt der Mütter übernehmen,
wenn ihnen eine solche Abwechslung notwendig erscheint.

Alles Gesagte sollen sie sorgsam und eifrig beobachten.
Franz von Assisi

Die Regel ist, wie man sich selbst überzeugen kann, äußerst einfach. Sie enthält einige Kriterien, die auch heute noch dem intensiven Leben förderlich sind und die Erfahrung der Überfülle Gottes möglich machen.
- Da ist das *Prinzip der kleinen Zahl*: Nur in einer kleinen Gemeinschaft sind letztlich Beziehungen von einer gewissen Dichte möglich. Da kann man sich nicht mehr aus dem Weg gehen. Konflikte müssen ausgetragen werden, wenn das Zusammenleben nicht zur Hölle werden soll. Distanz und Gleichgültigkeit des anderen werden unmöglich. Nähe und Intimität bekommen eine Chance.
- Das *Prinzip der Mütterlichkeit*: Zwei Brüder sollen die Funktion der Mutter ausüben. Das heißt: Sie müssen für die materiellen und atmosphärischen Voraussetzungen sorgen, die den anderen Brüdern ein wirklich kontemplatives Leben ermöglichen sollen.
- Das *Prinzip der wechselnden Funktionen*: Funktionen sind Dienste und sollen sich nicht verselbständigen können. Deswegen sollen die „Mütter" nach einer bestimmten Zeit wieder selber zum kontemplativen Leben zurückkehren, andere sollen dann „Mütter" sein können.
- Das *Prinzip der Regelmäßigkeit*: Der Tag bringt einen bestimmten Zeitrhythmus, der zum Teil durch die Sonne und zum Teil durch die Gebetszeiten bestimmt ist. Kreativität, Lebendigkeit brauchen vom äußeren her eine bestimmte Struktur. Ein regelmäßiger Rhythmus entlastet, macht frei für das Eigentliche.
- Das *Prinzip des Schweigens*: Gottesbegegnung kann sich nur ereignen, wenn der Mensch sich zurücknimmt und Raum schafft für die Ankunft Gottes. Dazu gehört das Zurücknehmen des Wortes zugunsten von ausgedehnten Zeiten des Hörens, des Empfangens, des Erwartens.
- Das *Prinzip der Kommunikation*: Freilich ist bei Franziskus das Schweigen nicht absolut. Es ist nicht ein Verstummen,

Speco di Narni: Kreuzgang

sondern will die eigentliche Kommunikation unter den Brüdern fördern. Das kommunikationslose Schweigen führt nur allzu oft vor die eigenen Abgründe und Höllen,

wie die Dämonengeschichten beweisen, die man gerade in Einsiedeleien immer wieder zu hören bekommt. Da sind Gespräche heilsam, besonders wenn sie mit solchen geführt werden, die im wahrsten Sinn des Wortes „Mütter" sind. So etwas wie kirchliche Gemeinschaft muß auch in der Einsiedelei greifbar werden.
- Das *Prinzip der Abgrenzung*: Wer sich in die Tiefen Gottes versenken will, braucht sehr viel Zeit – und vor allem Abgrenzung. So wichtig die Verfügbarkeit ist, so notwendig ist von Zeit zu Zeit der Schutzraum der Unerreichbarkeit.

Wenn man es genau bedenkt, sind das die Prinzipien, die auch heute noch zur Erfahrung der Überfülle führen können.

Das Kloster

Als Franziskus 1213 zum ersten Mal hierherkam, fand er eine Kirche und eine Zisterne vor. Bevor wir in diese Bereiche kommen, nimmt uns ein Kreuzgang gefangen, der um einen Brunnen herum angesiedelt ist. Eine Faszination geht hiervon aus, die einen nicht so schnell losläßt und noch lange in Erinnerung bleibt.

Die kleine Kirche, die man – vom Eingang her gesehen – auf der gegenüberliegenden Seite vom Kreuzgang aus betritt, ist dem heiligen Silvester geweiht. Sie enthält eine ganze Reihe von gut erhaltenen Bildern. Vorne in der Mitte: der Gekreuzigte, umgeben von Maria und Johannes, Franziskus und Silvester. Im Gewölbe des Chores sehen wir: die Verkündigung, die heilige Klara, Hieronymus, Katharina von Alexandrien – Heilige und Motive, welche über Jahrhunderte die franziskanische Spiritualität zu nähren vermochten.

Hier ist gut sein, hier ist gut beten! Hier, in dieser kargen Einfachheit, ergießt sich die Fülle in jedes Gefäß, das sich ihr öffnet.

Links neben der Kirche: die alte Zisterne, der man später den Namen „Zisterne des heiligen Franz" gab, weil aus ihr das Wasser entnommen wurde, das Franziskus in Wein verwandelt haben soll. Geschöpft worden sei es von dem Kessel, der an der Mauer hängt. Ursprünglich ein Soldatenhelm, sei es zu einem Schöpfgefäß umfunktioniert worden, das nunmehr dem Leben dient – ganz im Sinne der alttestamentlichen Vision: Schwerter zu Pflugscharen!

Speco di Narni: Kirche S. Silvestro und Zisterne

Sehenswürdig ist das alte Refektorium, der Speisesaal aus der Zeit des heiligen Bernhardin von Siena: ein Wasserbecken, ein Eichentisch, eine Pietà und ein einfaches Kreuz. Diese beiden Kultgegenstände zeugen noch heute von der sozialen Tätigkeit der Franziskaner, von den sogenannten „Monti di Pietà", einer Art Banksystem, das Bernhardin von Feltre und andere in der zweiten Hälfte des 15. Jahrhunderts von hier und anderen Einsiedeleien aus unten in Narni und überall in Italien errichtet haben. Sie konnten nicht in der Stille ihr Brot genießen, ohne an die Armen zu denken und ihnen zu Hilfe zu eilen. Mystik und Solidarität gehören zusammen. Die Pietà und das Kreuz waren für sie Symbole sowohl für die Andacht als auch für das soziale Engagement. Die Zusammengehörigkeit von Mystik und Politik ist im Grunde die Botschaft, die so oder anders aus jedem franziskanischen Eremitorium ertönt.

Die Kirche am Eingang wurde notwendig, als man das Klösterchen erweiterte und die kleine, meditative Kirche des heiligen Silvester nicht mehr genügte.

Der Bereich des heiligen Franz

Franziskus hatte sich, als er hier weilte, noch etwas weiter in den Wald hinauf zurückgezogen. Wir erreichen die Zeichen seines Aufenthalts auf einer breitangelegten Stiege: ein schöner Platz mit einem Gebetshaus, das die Brüder an die Zelle des heiligen Franziskus bauten, um ihn – trotz seiner schweren Krankheit – teilhaben zu lassen an der Feier der göttlichen Gegenwart. Da zeigt man noch das Bett, auf dem er sterbenskrank darniederlag und doch mit aller Lust nach dem Leben griff. Er verspürte nämlich den heftigen Wunsch, ein Glas Wein zu trinken. Doch erstens war da nur Wasser, und zweitens soll der gute Mann jetzt anderes im Sinn haben, meinten die Brüder. Das Oratorium erzählt an den Wänden mit Farbe und Bild, was bereits zwei Jahre nach dem Tod des Franziskus der erste Biograph aufgeschrieben hat.

Speco di Narni: Brunnen des hl. Franz

Franziskus lechzt nach Wein

Als er einmal in der Einsiedelei Sant' Urbano an einer schweren Krankheit darniederlag und mit lechzendem Mund nach Wein verlangte, bekam er zur Antwort, es sei kein Wein da, den man ihm geben könne. Da ließ er sich Wasser bringen und machte das Kreuzzeichen darüber. Sofort verwandelte sich das Element, legte seinen eigenen Geschmack ab und nahm einen fremden an. Zum besten Wein wurde, was reines Wasser war, und was die Armut nicht geben konnte, das kredenzte die Heiligkeit. Als der Mann Gottes davon kostete, genas er so rasch, daß jene wunderbare Verwandlung seine wunderbare Heilung bewirkte und die wunderbare Heilung die wunderbare Verwandlung bezeugte.

3 Cel 17

Neben der Zelle steht der Fels, von dem herab ein Engel musizierte, als Franziskus sich nach Musik sehnte, aber aus Schicklichkeit nicht zu erbitten wagte. Doch, so fragen wir, was ist denn eigentlich schicklich, wo sich die Sehnsucht nach der Überfülle ausstreckt?

Ein Engel musiziert

Dem Diener Gottes folgte nicht allein das Geschöpf aufs Wort; seinem Wunsche willfahrte auch allenthalben die Vorsehung des Schöpfers. Als nämlich einmal viele Krankheiten zugleich seinen Körper quälten, hätte er gern irgendeine liebliche Musik gehört, um seinen Geist froh zu stimmen. Aus Schicklichkeitsgründen wollte er aber dazu keinen Menschen in Anspruch nehmen. Darum kamen Engel, um seinen Wunsch zu erfüllen. Als er nämlich eines Nachts wach da lag und über seinen Herrn nachdachte, erklang plötzlich ein Zitherspiel von wunderbarer Harmonie und lieblicher Melodie. Er sah zwar niemand; das Hin- und Herfluten des Liedes verriet aber die Bewegungen des Zitherspielers. Während sein Geist bei Gott weilte, erfüllte ihn die liebliche Melodie mit solcher Wonne, daß er sich in die andere Welt versetzt fühlte.

Dies blieb auch seinen vertrauten Gefährten nicht verborgen. An sicheren Anzeichen erkannten sie, daß Gott ihn mit so außergewöhnlichen und vielfachen Tröstungen heimgesucht hatte, daß er sie nicht ganz verheimlichen konnte.

Bonaventura 5,11

Gegenüber der Zelle des heiligen Franziskus steht ein großer Kastanienbaum. Auch daran knüpft sich eine Legende. Krank und schwach hätte sich Franziskus einmal hinaus in die freie Natur gewagt. Gestützt auf einen Spazierstock erlebte er an sich die ganze Hinfälligkeit. Alles kündete, menschlich gesprochen, den Tod. Aber darf der Glaubende nicht auf etwas anderes setzen als auf das, was er sieht und erfährt? Ist Hoffnung nicht immer Hoffnung wider alle Hoffnung? So nimmt denn Franziskus seine Holzkrücke und steckt sie in den Boden. Sie schlägt Wurzeln, keimt und sprießt, wie man schon ein paar Tage später feststellen kann. Und schließlich wächst sie zum großen Kastanienbaum heran – und steht heute noch da, zum Zeichen der Überfülle Gottes.

DA GEHT EIN MENSCH

1
Da geht ein Mensch
am Ende seiner Tage
an einer Krücke,
schleppt sich schwer dahin,
gebeugt von der Last seiner Zeit,
beladen
mit dem ungelösten Rest, der immer bleibt.

Der Stock – die Krücke –
Halt und Stütze,
doch zugleich Abhängigkeit,
Einschränkung der Freiheit.

Plötzlich wird er sich dessen bewußt,
sieht die Krücke an,
den Stock – den Ast,
nur Teil des Baumes

Dann die Erkenntnis:
Ich will sie nicht mehr,
die Stütze, das Hilfsmittel
– die Abhängigkeit.

Er nimmt den Stock
und pflanzt ihn liebevoll in die Erde.
Gibt zurück,
was er sich geliehen hat für kurze Zeit.

Der Stock treibt Wurzeln, Blätter,
wächst und wird zum Baum.

2

Da verspürt ein Mensch Lust,
Lust nach Wein,
Lust nach Leichtigkeit und Freude.

Viel Alltag, viel graue Mühsal hat er angenommen
Tag für Tag.
Jetzt will er nicht nur klares Wasser.
Er will die Süßigkeit der Trauben,
die Wärme der Sonne auf der Zunge,
die Kraft des Weines in den Adern.
Er läßt das Verlangen zu,
gibt nicht gleich auf,
als man ihm Wasser reicht,
da erfüllt sich der Wunsch,
Wasser wird Wein.

3

Da steht ein schöner, starker Baum.
Der alte Esel lehnt sich müde dran.
Der Baum streckt seine Zweige weit ins Licht,
denn nur die Bäume wurzeln in der Erde
und leben schon im Himmel.

Sie machen es den Engeln möglich,
stillzuhalten
und auf den Blättern leis' zu schwingen,
daß ihre Lieder hörbar werden durch Bruder Wind,
der in den Bäumen spielt.
So kommt es, daß der Esel das Lied der Engel hört,
es läßt ihn träumen, den alten, müden Bruder Esel,
der gefesselt an die Erde bleibt, solang er lebt.
Er nährt und stillt

die Sehnsucht nach dem Himmel,
indem er die Blätter des Baumes kaut
und dem Lied der Engel lauscht.

Stört ihn nicht,
euern Bruder Esel, wenn er lauscht,
stört nicht das Lied der Engel,
pflanzt eure Krücken,
daß sie Bäume werden.

Elisabeth Bernet

Diese drei Geschichten machen aus dem Speco di Narni einen heiteren und lichtvollen Ort. Es gibt jedoch, wie wir immer wieder sehen konnten, viele historische oder legendäre Anekdoten, die das pure Gegenteil davon erzählen: Geschichten, die auf eine unerträgliche Art leib- und lebensfeindlich sind. Wie verhalten sich diese Geschichten zueinander?

Wenn man die Biographie der Heiligen untersucht und miteinander vergleicht, fällt auf, daß es fast immer eine Entwicklung gibt von großer Strenge in jüngeren Jahren hin zu größerer Gelassenheit in älteren Tagen. In ihrer Jugend sind auch die Heiligen vom Leistungsdenken erfüllt. Sie haben offenbar noch nicht ganz begriffen, wer Gott ist. Sie haben sich noch zu wenig vom eigenen Ich gelöst und zu wenig Gott übergeben. Meistens tritt dann zu einem bestimmten Augenblick so etwas wie eine „zweite Bekehrung" ein. Heilige beginnen zu begreifen, daß sie sich noch mehr loslassen und in die Liebe Gottes hineinfallen lassen müssen. Dann werden sie frei von den Zweideutigkeiten ihres früheren Lebens. Franziskus wird angesichts des Todes Brot verteilen und nach den Mandelplätzchen verlangen, die ihm Jakoba de Settesole, eine ihm freundschaftlich verbundene Dame aus

Rom, zu backen pflegte. Nicht erst nach dem Tod, sondern bereits vor dem Tod dürfen wir die süße Überfülle des Lebens kosten.

Noch anderes gibt es zu sehen: die *Kapelle des heiligen Bernhardin,* eingelassen in die Felswand oben. Links geht es dann zur Felsnische, in die hinein sich Franziskus verkrochen hat, um ganz in der Geborgenheit der Erde und Gottes zu leben. Ein Stationenweg mit den Strophen des Sonnengesanges lädt zum stillen Meditieren ein. Andere Grotten werden gezeigt, unter anderem jene, die der heilige Antonius von Padua bewohnt haben soll, und ein Weg, der den Namen der heiligen Klara trägt. Und dann gibt es viel Wald, um den Frieden in Gott und die Fülle des Lebens zu feiern.

Hier ist gut sein! Hier kann man einen ganzen Tag verbringen, um sich bereit zu machen für die Lebensfülle Gottes

Speco di Narni: Kapelle des hl. Bernhardin

8
Subiaco
Friede diesem Haus: Franziskus und Benedikt

Keiner lebt für sich allein, jeder ist eingebettet in die Kette der Generationen – und doch haben alle sie selbst zu sein. Das gilt für alle, die auf dem Wege sind, und das gilt auch für Franz von Assisi. Um diesem Gedanken näher zu kommen, gehen wir nach Subiaco, das nicht nur mit Kaiser Nero, sondern auch mit Benedikt, dem Patron Europas, verbunden ist.

Subiaco

Subiaco, das seinen Namen von den Seen trägt, welche Kaiser Nero in dieser Region anlegen ließ, befindet sich etwa auf der Höhe von Rom (ungefähr 80 km östlich davon entfernt). Von Rieti aus ist der Ort, an dem die Villa Kaiser Neros stand, durch eine gut ausgebaute Straße durch das Valle del Salto und dann auf der Autobahn Richtung Rom (Ausfahrt Arsoli) in etwa 1½ Stunden zu erreichen. Subiaco ist der Ort, an dem der heilige Benedikt seinen Orden gründete und von dem aus das abendländische Mönchtum seinen Ausgang nahm. An sich wäre das bereits Grund genug, um diesen Ort aufzusuchen und den Versuch zu wagen, *Franziskus* in die ihm vorausgehende geistliche Tradition einzubetten. Doch wird dieser in Subiaco selbst zum Thema durch die Tatsache, daß hier sein *ältestes Bild* zu sehen ist.

Subiaco

Benedikt von Nursia

Benedikt ist wie Franziskus in Umbrien (Norcia) geboren, aber viele Jahrhunderte vorher, um 480 nach Christus. In jungen Jahren sollte er sich in Rom an der „Universität" auf eine glorreiche Zukunft vorbereiten. Da wird er jedoch zutiefst enttäuscht durch die Korruption, die breite Gesellschaftsschichten ergriffen hatte. So zieht er sich – angeekelt vom Großstadtleben und bereits entflammt von göttlicher Liebe – zusammen mit seiner Amme, die ihm offenbar über die Kindheitsjahre hinaus treu geblieben ist, nach Affile zurück, einem Ort, der etwa 5 km südlicher liegt. Doch bietet ihm dieser Ort nicht jene Stille und Ruhe, die er für sein Seelenleben notwendig hält, und zieht sich in eine Höhle bei Subiaco zurück.

HÖRE UND SCHWEIGE

Höre, mein Sohn,
auf die Lehren des Meisters
und neige das Ohr deines Herzens;
nimm die Mahnung des gütigen Vaters willig an
und erfülle sie durch die Tat.
So wirst du durch die Mühe des Gehorsams
zu dem zurückkehren,
von dem du dich in der Trägheit des Ungehorsams entfernt hast.
So richtet sich denn jetzt mein Wort an dich:
an jeden, der dem Eigenwillen entsagen
und die starken und herrlichen Waffen des Gehorsams ergreifen will,
um dem wahren König, Christus, dem Herrn, zu dienen.

Benedikt, Vorwort zur Regel

Der „Sacro speco", eben diese Höhle, gleicht eigentlich in allem den Höhlen gleichen Namens, die wir von Franziskus her kennen. Da hält sich Benediktus drei Jahre lang auf, versteckt und verborgen von der Öffentlichkeit. Nur ein Mönch weiß von ihm, der jeden Tag vorbeikommt und das notwendige Essen an einem Seil in die Höhle hinunterläßt. Dann wird er von einem Priester, durch eine Vision auf ihn aufmerksam gemacht, und von Hirten, die in der Nähe ihre Schafe hüten, entdeckt. Im oberen Kloster zeigt man die „Grotte der Hirten", wo Benedikt ihnen dann das Evangelium verkündete, auch dies wohl ein Hinweis auf die „Religion der Menschwerdung", der er auf seine Weise verpflichtet war.

Daraufhin wird Benedikt von einem bereits bestehenden Kloster unweit der Höhle, in der er sich lange Zeit verborgen hielt, zum Oberen gewählt. Doch neidische Mönche wollen ihn alsbald vergiften und machen ihm das Leben auch sonst unmöglich. So kehrt er in seine Höhle zurück, wohin aber bald eigene Schüler kommen. Ein erstes Kloster entsteht: San Clemente, wahrscheinlich das heutige *San Benedetto*. Hier bleibt Benedikt mehr als 20 Jahre, hier schreibt er eine erste Fassung seines Meisterwerkes, die Regel, welche das ganze abendländische Mönchtum bestimmen sollte, eine „Rahmenordnung für Anfänger im Suchen nach Gott", wie man diese Regel, die alles bis ins Einzelne regelt, auch nennen könnte. Neben dem Hauptkloster entstehen zwölf andere; jedes sollte zwölf Mönche haben – eine Erinnerung an die zwölf Apostel, wie es auch Franziskus wichtig war.

Die Eifersucht des zuständigen Pfarrers und Schwierigkeiten mit dem Bischof sind es schließlich, welche den heiligen Benedikt 529 von Subiaco vertreiben und zum berühmten Monte Cassino führen. Hier gibt er seiner Regel eine endgültige Fassung, und hier stirbt er nach etwa 18 Jahren, 547.

Subiaco: S. Benedetto, „Der Weltenschöpfer" aus der Schule von Siena

San Benedetto

Wir erreichen das Kloster durch eine einladende Treppe, die durch einen stillen Wald zum „Schwalbennest" hinaufführt, wie Pius II. diesen Ort nannte. Wir können die Fülle der Kapellen und Kunstwerke nicht aufzählen, welche diesen heiligen Ort schmücken. Vor allem sehenswert sind die Fresken aus der Schule von Siena, welche die Wände der Oberkirche schmücken. Links und rechts eindrückliche Szenen aus der Leidens- und Auferstehungsgeschichte Jesu, im Gewölbe die großen Kirchenlehrer, die Evangelisten, Engel; im hinteren Teil Szenen aus der Lebensgeschichte des heiligen Benedikt, von denen vor allem zwei gut erhalten sind: Die eine erzählt die Geschichte, wie Benedikt einen Mönch, der seine geistliche Dynamik verloren hat, durch Schläge heilt, während andere Mönche beten; die andere berichtet, wie Mönche Benedikt durch vergifteten Wein töten wollen. Wir spüren, in welch völlig anderer Welt sich dieses Leben abspielte.

Wenn man zur Unterkirche hinuntersteigt, entdeckt man ein majestätisches Porträt Papst Innozenz' III., jenes Papstes, der für Franziskus von wesentlicher Bedeutung war. Er trägt die Bulle, mit der er das Kloster Subiaco im Jahre 1203 beschenkt. Gemalt ist es von einem gewissen Conxolus, der auch das schöne Muttergottesbild, nicht weit davon entfernt, in einer kleinen Apsis gemalt hat. Der gleiche Maler steht ebenfalls hinter den Szenen zur Lebensgeschichte Benedikts an der linken Wand: Benedikt „heilt" das zerbrochene Sieb seiner Amme in Affile; Benedikt begegnet dem Mönch Romanus; Benedikt stirbt; Benedikt zieht sich in die Höhle zurück; Benedikt „heilt" die Sichel des Goten, deren Eisenteil im See verschwunden ist; der eifersüchtige Priester Fiorenzo will Benedikt mit Brot vergiften; Placidus wird aus dem See gerettet.

Wenn man die Stiege weiter hinuntergeht, finden sich noch andere Fresken, die unsere Aufmerksamkeit verdienen: der Triumph des Todes, die Taufe Jesu, der Kindermord von Betlehem, die Kindheitsgeschichte Jesu, der Tod und die Himmelfahrt Marias, Maria, die Mutter der Kirche.

Weiter unten befindet sich die bereits erwähnte „Grotte der Hirten", draußen dann der Rosengarten mit einem Bild Benedikts aus dem 13. Jahrhundert.

Wir steigen wieder zur Kirche hinauf, wo im Durchgang weitere Szenen aus dem Leben Benedikts und seines Ordens gemalt sind, vor allem die berühmte Geschichte von der Begegnung mit Scholastika, seiner Schwester, mit der er sich innig verbunden fühlte, sie jedoch noch mehr mit ihm; ihr Tod; Geschichten vom gewaltsamen Tod von Mönchen.

Franziskus

Nicht zufällig kommt Franziskus nach Subiaco. Denn vieles, was im Mittelpunkt seines Lebens steht, verbindet ihn mit Benedikt von Nursia.

Das eindrückliche Benediktinerkloster, das wir eben beschrieben haben, ist über einer Höhle gebaut, dem sogenannten „Sacro Speco". Wem kämen dabei nicht die vielen franziskanischen Orte in den Sinn, die wir bisher besucht haben und alle auch über einem solchen „Sacro Speco" gebaut sind? Beiden Heiligen ist ja die ausschließliche Ausrichtung auf Gott ein zentrales Anliegen. Deswegen ziehen sie sich in das Innere der Erde zurück, sozusagen in den Schoß, aus dem heraus nur das eine Notwendige anschaubar wird und alles andere im Dunkel bleibt. Beide sind in einem Maß von Gott fasziniert, daß sie auch heute noch für viele Gottsucher Modellgestalten sind.

Subiaco: Kloster S. Benedetto

Beim Eingang des Klosters San Benedetto steht der eindrückliche Satz: „Sit pax intranti – Sit gratia digna precanti: Friede dem, der eintritt – Gnade dem, der Würdiges erbittet." Beim Eingang zu den Carceri bei Assisi heißt es ganz ähnlich: „Wo Gott ist, da ist Friede." Kaum hat man in Subiaco die Schwelle des Klosters überschritten, begegnet man einem weiteren Friedenswunsch (in der Hand des heiligen Agatho): „Pax huic domui et omnibus habitantibus in ea –

Friede diesem Haus und allen, die darin wohnen." Das muß auch Franziskus gesagt haben, als er in dieses Kloster kam. Denn das älteste Franziskusbild überhaupt – eben das Bild, das in der berühmten Gregorskapelle von Subiaco gemalt ist – zeigt uns einen Franz, der eben über die Schwelle tritt und diesen Gruß in der Hand hält. Benedikt und Franziskus sind also nicht nur von der gleichen Faszination für Gott geprägt, sondern auch von den gleichen Wirkungen bestimmt, die von Gott ausgehen und sich im Wort „Friede" zusammenfassen lassen.

Schließlich ist an die Legende von den dornenfreien Rosen zu erinnern. Von Benedikt und von Franziskus wird erzählt, sie hätten Versuchungen des Fleisches gehabt und diese nur dadurch überwinden können, indem sie sich in den Dornen des Rosenstrauches wälzten. In beiden Fällen hätten die Rosen die Dornen verloren. In der Berührung mit Heiligem wandelt sich alles Aggressive und Gewalttätige. Wir mögen für solche Geschichten nicht mehr viel übrig haben; Generationen werden sie aber noch erzählen, wenn unsere Zweifel schon längst überwunden sind. Sie weisen hin auf die Tatsache, daß sowohl Benedikt als auch Franziskus ihre leibhafte Existenz auf gleiche Art erfahren und bewältigt haben.

Das älteste Franziskusbild

In Subiaco wird, wie gesagt, *das älteste Bild des heiligen Franz* gezeigt, und zwar in einer Kapelle, die kurz nach seinem Tod ausgestattet und geweiht wurde (1227).

Franziskus, ein großer schlanker Mann, der soeben – barfuß – über die Türschwelle getreten ist und nun seinen Gruß anbietet: Friede diesem Haus! Tatsächlich gehört ja dieser Gruß zusammen mit der Wanderpredigt ganz zentral zu seiner Biographie. Das Gesicht zeigt einen jugendlichen Franziskus. Offenbar soll dadurch und durch die Wohlgeformtheit des Gesichtes gesagt werden: Schau, so sieht der Christ aus, der neue Mensch, der Gott gefällt. Mit einfachen Strichen sind offene Ohren und Augen gemalt, eine langgezogene

*Subiaco: Kapelle des hl. Gregor.
Ältestes Bild des hl. Franz*

Nase und – ein verschlossener Mund. Auch dies ist bezeichnend: Franziskus zog sich immer wieder ins Schweigen zurück, um die Kraft des Wortes zurückzugewinnen. Wenn man dieses Bild mit demjenigen Benedikts vergleicht, kann man kaum Unterschiede feststellen. Der Maler sieht zu Recht oder zu Unrecht ganz offensichtlich das benediktinische Ideal in Franziskus wieder aufleben. Franziskus – ein „Benedictus redivivus", der wiederkehrende Benedikt?!

Darüber hinaus ahnen wir vor diesem Bild etwas von den Intentionen, welche Papst Gregor IX. mit der Heiligsprechung des heiligen Franz (1228) verfolgt hat. Denn die Kapelle, die er an jenem Ort, an dem er früher öfter geweilt hatte, ein Jahr zuvor weihte, will „die Rolle und Bedeutung des Franziskus Bernardone für die Kirche vor Augen führen. Mit Franziskus, der im Bild zugleich wie ein ‚neuer Benedikt' erscheint, gedenkt der ‚neue Gregor' die Konflikte der Kirche zu überstehen. So enden die Tage von Subiaco mit einer Vision des Papstes vom Triumph der Kirche durch den heiligen Franz" (W. Schenkluhn).

An diesem Zitat ist einiges deutungsbedürftig. Zuerst einmal der Hinweis auf den „neuen Gregor". Bewußt hatte Hugolin, der Kardinal, der für die franziskanische Bewegung von kaum vorstellbarer Bedeutung war, den Namen eines der größten Päpste der Geschichte gewählt. Er wollte jedoch nicht nur den Namen, sondern auch das spirituelle und politische Programm Gregor des Großen (540–604) übernehmen. Dieser hatte einen 35 Bücher umfassenden Kommentar zum Buch Hiob verfaßt, jenes biblischen Buches, das mit dem Satz beginnt: „Es war ein Mann aus dem Land Ubs mit Namen Hiob." Am Eingang zur Gregorskapelle, sozusagen auf der Rückseite des ältesten Franziskusbildes, ist nun bezeichnenderweise Hiob dargestellt, der dem Papst den Spruch entgegenstreckt: „Nackt bin ich aus dem Mutterschoß hervorgegangen." Die offizielle Heiligsprechungsbiographie, die von Papst Gregor IX. in Auftrag gegeben wurde, fängt genauso an wie das Buch Hiob: „Es war ein Mann aus der Stadt Assisi mit Namen Franziskus." Nicht nur dies: Franziskus wird wie Hiob als „einfacher und aufrechter und gottesfürchtiger Mann" dargestellt (vgl. Hiob 1, 1 = 1 Cel 25), der sich vor dem Bischof in Assisi zu seiner Nacktheit bekennt und von nun an „nackt mit dem Nackten ringt, alles von sich wirft, was der Welt ist, und einzig und allein an die göttliche Gerechtigkeit denkt" (1 Cel 15). Das also ist die geistliche Perspektive, welche nach Gregor IX. die franziskanische Spiritualität kennzeichnet und die er durch seinen Schriftsteller Thomas von Celano darstellen läßt. Und: Diese Perspektive soll jene der Kirche sein, nur sie kann aus dem Elend hinausführen.

Dann ist von einer Vision die Rede. Gregor IX. hatte an der Stelle, wo jetzt die Kapelle steht, ganz offensichtlich eine mystische Erfahrung. Deswegen steht am Altar: „Dieser Ort ist ein heiliger Ort." An der Wand ist die Altarweihe durch Gregor IX. dargestellt, und *neben dem Papst steht übrigens Franziskus ein zweites Mal;* er assistiert dem Papst bei der Weihe als Ministrant und als Kreuzträger. An der Decke erkennt man viele Seraphe, jene Engelsgestalten, die dem Geheimnis Gottes am nächsten stehen. Ein solcher spielt bezeichnenderweise, wie wir noch sehen werden, bei der Stigmatisation des heiligen Franz eine entscheidende Rolle. Eine Inschrift beschreibt auf verschlüsselte Weise, was Gregor erlebt hat.

DIE VISION DES PAPSTES

Bemalt wurde dieses Haus
im zweiten Jahr seines päpstlichen Amtes
Hier hat er vor seiner Wahl zum Papst geweilt
und ein himmlisches Leben geführt

Während zwei Monaten kasteite er seine heiligen Glieder
im Juli und im August
Wie Paulus wurde er sich selber entrissen
und in den Himmel erhoben
Nicht mehr er lebte
sondern Christus lebte in ihm
Für ihn verrichte man ein frommes Gebet
Inschrift unter dem Bildnis Papst Gregors IX.

Vielleicht dürfen wir folgern, daß dem Papst, wie es ja in der Oberkirche San Francesco zu Assisi dargestellt ist, der stigmatisierte Franziskus begegnet und daß ihm auf diese Weise der Gekreuzigte zur Offenbarung und zum Trost geworden ist. Denn Stärkung hat der Papst bitter nötig. Der Krieg mit Friedrich II. bringt Gregor in arge Bedrängnis. 1228 muß er sogar schmählich und fluchtartig den Lateran und die Stadt Rom verlassen. In dieser Bedrängnis wird ihm der stigmatisierte Franziskus und sein Armutsprogramm und durch beides hindurch der gekreuzigte Christus zur Verheißung. Hier liegt der Triumph der Kirche geborgen, in der nackten Hiobsgestalt des heiligen Franz, in der Demut sich hingebender Liebe; im Kreuz liegt das Heil der Menschen, nicht im Hochmut und in der Macht des Kaisers! So wird auch verständlich, warum Gregor IX. Franziskus sogleich in die Schar der Heiligen aufnimmt und mit aller Kraft und Anstrengung die prächtige Grabeskirche in Assisi bauen läßt – als Demonstration geistlicher Macht gegen den Kaiser.

Franziskus hätte freilich, würde er noch leben, mit einer solchen Demonstration seine Mühe. Ebenso sicher würde er die Bezeichnung „neuer Benedikt" ablehnen. Zwar lassen sich viele Gemeinsamkeiten herausarbeiten, und bestimmt muß er in die geistliche Tradition des Abendlandes eingebettet werden. Aber ebenso ist darauf hinzuweisen – wir haben es in Fonte Colombo gesehen –, daß Franziskus unmittelbar auf den Ursprung zurückgreifen will. Er will nicht einfach das Ideal Benedikts erneuern, sondern das Evangelium selbst zur Geltung bringen. Er kann sich darum auch nicht wie Benedikt an einem festen Ort niederlassen, was zu einer Zeit der Instabilität und Völkerwanderung wohl die einzig richtige Antwort gewesen war. Franziskus dagegen muß sich von allen Orten lösen und will mobil sein und bleiben. In einer Zeit, in der alles seine feste Ordnung und alles und jedes seine Schublade haben mußte, ist das eine großartige Lebensperspektive! So stellen Benedikt und Franziskus gegensätzliche, aber gleichzeitig sich ergänzende Lebensformen dar, die von bleibender Aktualität sind. Die einen brauchen Halt in einer zerfließenden Welt, die anderen müssen ausbrechen aus vorgegebenen, zu eng und leblos gewordenen Ordnungen. Die einen wollen auf dem Berg Zion sich niederlassen und niemals mehr von diesem bergenden Ort heruntergekommen, die anderen wollen unruhig wandern, bis sie Ruhe finden in Gott. Die einen wollen innerweltlich schon erfahren, was letztgültige Heimat ist, die anderen wissen, daß nichts und niemand auf dieser Erde im eigentlichen Sinn Heimat sein kann. Die einen brauchen eine „feste Burg", das Endgültige in der Zeit; die anderen begnügen sich mit einem Zelt – in der Sorge, man könnte getäuscht werden durch das Vorläufige. Die einen leben das „Schon" der christlichen Verheißung, die anderen das „Noch nicht". Für das eine steht Benedikt, für das andere Franziskus.

WANDERN?!

Eine vierte Art von Mönchen ist die der sogenannten „Wandermönche" (= Gyrovagen). Diese treiben sich ihr Leben lang in den verschiedenen Gegenden herum und halten sich

Subiaco: Kloster S. Benedetto

in den Zellen einzelner Mönche drei oder vier Tage auf. Immer unstet, nie beständig, sind sie Sklaven ihrer Launen und der Gaumenlust.

Benedikt, Regel

Wenn die Brüder durch die Welt ziehen, sollen sie nichts mit auf den Weg nehmen (vgl. Lk 9, 3), keinen Bettelsack (Lk 10, 4), keine Vorratstasche, kein Brot, kein Geld (Lk 9, 3), keinen Stock (Mt 10, 10). In jedem Haus, das sie betreten, sollen sie als erstes sagen: Friede diesem Haus (Lk 10, 5). Sie sollen in diesem Haus bleiben und essen und trinken, was man ihnen gibt (Lk 10, 7). Sie sollen dem Bösen nicht Widerstand leisten (Mt 5, 39), sondern denen, die sie auf die eine Wange schlagen, auch die andere hinhalten (Mt 5, 39; Lk 6, 29). Dem, der ihnen den Mantel wegnimmt, sollen sie auch das Hemd überlassen (Lk 6, 29). Sie sollen allen geben, die um etwas bitten. Was ihnen weggenommen wird, sollen sie nicht zurückfordern (Lk 6, 30).

Franziskus, Regel

Etwas außerhalb von Subiaco hat Franziskus seine „eigene" Kirche aus dem Jahre 1327. In ihr kann man ein Altartriptychon bewundern mit schönen Darstellungen des heiligen Franziskus und des heiligen Antonius.

Das Kloster Santa Scholastika

Zwischen dem Ort Subiaco und dem Kloster San Benedetto liegt das *Kloster der heiligen Scholastika,* das eines der von Benedikt gegründeten dreizehn Klöster in der Gegend von Subiaco ist und später nach seiner Schwester benannt wurde.

Das Kloster hat eine bewegte Geschichte: zunächst bescheidene Anfänge, stilles geistliches Leben, allmählich aber erlangt es große Bedeutung. Die Päpste, welche in der franziskanischen Geschichte eine wichtige Rolle spielen, überhäufen das Kloster mit Schenkungen: Innozenz III., der die

Subiaco: Kloster der hl. Scholastika

franziskanische Lebensform als kirchliche anerkennt, Gregor IX., der von sich behauptet, der Freund des Heiligen von Assisi gewesen zu sein und der ihn wie auch Antonius von Padua und Elisabeth von Thüringen heiligspricht, und Alexander IV., der jahrelange Begleiter Klaras, der sie nach ihrem Tod kanonisiert. Noch im gleichen Jahrhundert kommt der Niedergang: Die beiden Klöster trennen und bekämpfen sich, ein schismatischer Mönch zerstört mit einer Räuberbande die Abtei. In der Folge verliert sie ihre Unabhängigkeit, die Äbte werden vom Papst ernannt und sind oft bloß dem Namen nach Mönche. Das Amt des Abtes ist in die Erbfolge adeliger Geschlechter eingebunden.

1363 freilich wird Bartholomäus von Siena Abt, der dritte dieses Namens. Er vertreibt sämtliche Mönche, die nicht ihrer geistlichen Berufung nachkommen wollen, aus dem Kloster und holt Mönche aus anderen Ländern, vor allem aus

Deutschland. So entsteht für mehr als zweihundert Jahre eine echte europäische Klostergemeinde. 1464 leben zum Beispiel 18 Mönche hier, davon zwölf Deutsche (darunter die Prioren der beiden Klöster), zwei Franzosen, zwei Italiener, ein Holländer und ein Flame. Die Deutschen bringen die Buchdruckerkunst hierher und machen so Subiaco zur Wiege des italienischen Buchdrucks: Großartige Werke, die hier gedruckt wurden, können noch heute bewundert werden.

Von 1456 an ist Subiaco eine sogenannte „Kommende" der römischen Kurie, das heißt, der Abt ist immer ein vom Papst ernannter Kardinal, der sich mehr als Schutzherr versteht denn als Vater, welcher nach dem heiligen Benedikt die Mönche geistlich zu leiten hat. Er übt auch weltliche Macht über die ganze Gegend aus. Erst von 1753 an werden die beiden Funktionen wieder getrennt: Während die weltliche Macht direkt vom Papst selbst ausgeübt wird, ist der Kardinalabt für das innere Leben der Kommunität zuständig.

Die Wirkungen der Französischen Revolution sind auch hier spürbar: Die Mönche werden vertrieben; während fünf Jahren steht das Kloster leer; wertvolle Kunstgüter gehen verloren. In den Revolutionsjahren von 1848/49 sind die Mönche republikanisch gesinnt und werden von Papst Pius IX. als Rebellen angeklagt. Der Papst besetzt das Kloster mit Mönchen aus Ligurien und setzt auf diese Weise einen neuen Anfang. In der Folge wird das Kloster Mittelpunkt einer eigenständigen benediktinischen Kongregation. 1874 wird es aufgehoben, die Mönche dürfen aber als „Hüter der nationalen Denkmäler" bleiben. 1915 wird auch die Kommende aufgehoben. Im Zweiten Weltkrieg wird das Kloster zweimal bombardiert. – Wahrlich eine bewegte Geschichte vom Auf und Ab der geistlichen Berufung, von Treue und Verrat.

Das Kloster hat drei Kreuzgänge, der eine schöner als der andere. Der erste stammt aus dem 16. Jahrhundert und stellt die

Bedeutung des Klosters heraus: Päpste, welche Subiaco besucht haben, Erinnerungen an die hohe Kunst des Buchdrucks.

Der zweite Kreuzgang geht ins 13./14. Jahrhundert zurück: Die Marmoreinfassung des Brunnens stammt aus der Villa des Kaisers Nero. Blumen und Bäume, der romanische Glockenturm aus dem 9. Jahrhundert, Spitzbögen und antike Grabdenkmäler fordern die Aufmerksamkeit nicht nur des Verstandes, sondern auch des Herzens.

Der dritte Kreuzgang wurde in der Mitte des 13. Jahrhunderts von den sogenannten Kosmaten geschaffen, einer römischen Künstlerfamilie, die auch sonst durch ihre Werke berühmt geworden ist. Gedrehte Säulen wechseln mit ebenmäßigen ab, eine gut gearbeitete Säule zeigt einen umgekehrten Menschenkopf und den Kopf des Teufels; der Brunnen in der Mitte stammt aus der Villa Neros; die Fresken zeigen die Städte und Dörfer, über die das Kloster die Steuerhoheit hatte, mit ihren entsprechenden Wappen.

Wer archäologisch interessiert ist, kann etwas von der Baugeschichte erfahren: Mindestens fünf Kirchen müssen einander abgelöst haben, wie einzelne Spuren zeigen. Viele Fresken und Steinarbeiten verdienen die Aufmerksamkeit des Betrachters.

Subiaco ist ein Ort des großen Überblickes. 2000 Jahre Geschichte rollen in kurzer Zeit vor dem geistigen Auge des Betrachters vorüber. Ob er das Wesentliche zu fassen vermag?

9
La Verna

*Das franziskanische Golgota:
gezeichnet von den Wunden der Welt*

Was ist eigentlich das Ziel unseres irdischen Weges? Wohin weisen die Verheißungen des Evangeliums? Was ist „schon" da in unserer irdischen Zeit? Was „noch nicht"? Je näher der Tod kommt, um so dringender werden die Fragen. Der letzte Halt auf unserer Reise in den Spuren des heiligen Franz soll darum La Verna sein, ein Berg in der Toskana, etwa 120 km nördlich von Assisi.

Der schnellste Weg von Assisi aus führt auf der Autobahn von Perugia nach Cesena, an Umbertide und Citta di Castello vorbei bis Sansepolcro, wo die Straße nach *La Verna* abzweigt und uns zum etwa *1300 m hohen Berg* führt.

La Verna: Einsiedelei

Der Graf Orlando

Auf seinen vielen Wegen hört Franziskus, daß auf der Burg von San Leo, nicht weit von San Marino entfernt, junge Männer zu Rittern geschlagen werden sollen. Wahrscheinlich kommen ihm da seine eigenen Jugendträume in Erinnerung. Er begibt sich am 8. Mai 1213 zu diesem Fest und hält eine Predigt, deren Thema sehr kunstvoll und poetisch gestaltet ist; wahrscheinlich steht irgendein Troubadourlied Pate.

„Bene": das Gute – „Pena": die Mühe! Wie soll man diese Lautmalerei übersetzen, die sich hinter diesem Gegensatzpaar verbirgt? Und ebenso gehört in den Bereich der Musik: „aspetto" – „diletto": erwarten – geliebt sein. Wir versuchen, in der Übersetzung hinüberzuretten, was zu retten ist:

Tanto è il bene che mi aspetto
che ogni pena mi è diletto
Groß das Gut, das ich erwarte!
Alle Müh will ich umarmen.

Die Predigt macht offenbar großen Eindruck auf den Grafen Orlando von Chiusi, der unmittelbar danach auf Franziskus zugeht, seine Freundschaft sucht und dessen Drittem Orden beitritt, um in seiner Funktion als Graf franziskanischen Geist zu verkörpern. Das gelingt ihm wohl auch, wie die Tatsache nahelegt, daß ihm der Bischof von Arezzo 1261 das Familiengut wegnimmt – weil der Graf sich gemäß dem Evangelium um Flüchtlinge angenommen hat, die zufällig Feinde des Bischofs waren. Orlando stirbt zwei Jahre später in der Einsiedelei La Verna im Beisein von Bruder Leo und anderen Brüdern und wird hier beerdigt. 50 Tage nachher findet die Grundsteinlegung für die Stigmatisationskapelle und die Kirche „Maria von den Engeln" statt. Am Eingang zu ihr erinnert eine Inschrift an diesen wunderbaren Menschen.

Denkinschrift für Orlando

In der Kapelle
des seligen Orlando oder Rolando Cathani
des Grafen von Chiusi
der den hl. Berg Alverna
dem seraphischen Vater Franziskus
gab
und sich durch besondere Zuwendung hervortat
beuge fromm das Knie

Am Eingang zur Kirche Maria von den Engeln

Die Begegnung von San Leo hat noch andere Folgen: Graf Orlando schenkt dem heiligen Franz den Berg, der sich über seiner Burg bei Chiusi di La Verna erhebt und dessen Spitze 1283 m hoch ist (La Penna; das Kloster liegt 150 m tiefer bei 1128 m). Die Söhne Orlandos werden diese Schenkung durch einen notariellen Akt vom 9. Juli 1274 bestätigen.

Irgendwie steht man ratlos vor dieser Schenkung. Wir wissen, daß Franziskus Eigentum als solches ablehnt. In seiner Regel steht klar und eindeutig, daß er und seine Brüder „ohne Eigentum" leben wollen. Er will, betont er immer und immer wieder, ohne Besitz auskommen. Selbst das „Mutterkloster" Portiuncola bei Assisi will er nur als Leihgabe verstanden wissen. Noch heute bringen die Franziskaner den Benediktinern ein Körbchen Fische, um damit das Besitzrecht der Benediktiner anzuerkennen. Und nun also doch Eigentum, Besitz, ein bleibender Ort? Oder müssen wir sagen, daß die Geschichte vom Berg als Geschenk in einer Zeit entstanden ist, in der man den ursprünglichen Gedanken des heiligen Franz nicht mehr verstand? Franziskus kommt 1214 zum ersten Mal auf „seinen" Berg.

La Verna

Das Geschenk hat unbeabsichtigte Folgen: Der Wald, der sich über den ganzen Berg und dessen Hänge ausbreitet, erlitt nicht das Schicksal wie beispielsweise der Wald auf dem Monte Subasio bei Assisi. Dieser wurde endgültig zerstört, jener bis heute gerettet. Papst Alexander IV. erklärte den Berg La Verna bereits 1255 zum „Heiligen Berg". Er exkommunizierte jeden, der im Gebiet von La Verna Bäume zu fällen wagte. Der Monteluco, gleichsam der „Berg des Anfangs", findet seinen Bruder im La Verna, dem „Berg des Endes". Da gibt es über 50 m hohe Buchen, die im übrigen Appenin nur etwa 35 m erreichen, und ebenso eindrückliche Tannen. Wer Zeit und Muße hat, bleibe, wandere, atme in diesem Wald. Er wird ihn in bleibender Erinnerung behalten.

Der Name „La Verna" wird unterschiedlich gedeutet. Die einen sagen, der Berg sei der Laverna geweiht gewesen, der Göttin der Räuber und der Hüterin der Geheimnisse. Ihr Altar sei dort gestanden, wo heute die Kirche „Maria von den Engeln" steht. Der ganze Wald habe daher „Räuberwald" geheißen. Selbstverständlich ist es erlaubt, darüber nachzudenken, warum auch Räuber ihre Göttin haben und wie das mit dem letzten Geheimnis zusammenhängt, das sie offenbar hütet. Auf jeden Fall gibt es in diesem riesigen Wald, auf dem Weg zur „Penna", zur Bergspitze, den Felsen des Frate Lupo (= Bruder Wolf), eines Räubers, der sich da mit seinen Gefährten versteckt gehalten habe. Man ist irgendwie gezwungen, an die Geschichte vom „Wolf von Gubbio" zu denken, der Stadt, die etwa 20 km östlich von Umbertide liegt. Noch näher, etwa 5 km von Sansepolcro aus, läge Monte Casale, wo die Bekehrung der drei Räuber erzählt wird. Durch eine Art „Pädagogik der Güte" habe sie Franziskus dazu bewegt, eine andere Lebensperspektive zu wählen.

Die Bekehrung der Räuber

Es gab eine Zeit, da kamen hinwieder Räuber zu einer Einsiedelei der Brüder über Borgo San Sepolcro, um bei den Brüdern um Brot zu betteln. Denn sie hielten sich in jener Gegend in den großen Wäldern versteckt und überfielen von da aus die Menschen auf den Straßen und Wegen, um sie auszurauben. Darum sagten einige Brüder: „Es ist nicht gut, ihnen Almosen zu geben, denn es sind Räuber und tun den Menschen so viel und so großes Leid an." Andere dagegen waren anderer Ansicht, da jene demütig bettelten und aus großer Not heraus zum Betteln gezwungen waren. Darum gaben sie ihnen hin und wieder etwas, wobei sie sie ermahnten, sich zu einem christlichen Leben zu bekehren.

In dieser Zeit kam dann auch Franziskus zu diesem Ort. Die Brüder stellten ihm diesbezüglich Fragen, vor allem, ob sie den Räubern Brot geben sollten oder nicht. Der heilige Franziskus sagte: „Wenn ihr tut, wie ich euch gleich sage, dann vertraue ich auf Gott, daß er die Seelen jener gewinnt."

Und er fügte hinzu: „Geht, holt gutes Brot und guten Wein und bringt es den Räubern im Walde, dorthin, wo sie eurer Meinung nach sind. Dann ruft laut: ‚Brüder Räuber, kommt zu uns, denn wir sind Brüder und bringen euch gutes Brot und guten Wein.' Sie werden dann gleich zu euch kommen. Breitet dann ein Tischtuch auf dem Boden aus, legt das Brot und den Wein darauf und bedient sie demütig und mit großer Freude, bis sie satt geworden sind; nach dem Essen sprecht ihr über einige Worte des Herrn, und zuletzt bringt ihr in der Kraft der Liebe Gottes eine erste Bitte vor: Sie mögen euch versprechen, daß sie wenigstens die Personen schonen und diese nicht verfolgen und keinem etwas Böses antun würden. Denn, wenn ihr alles auf einmal verlangt, werden sie nicht auf euch hören. So aber werden sie es euch sofort versprechen wegen eurer Demut und der Liebe, die ihr ihnen erweist.

An einem anderen Tag erhebt euch wieder. Und weil sie euch das Versprechen gegeben haben, könnt ihr zum Brot und zum Wein auch noch Eier und Käse hinzufügen. Geht in gleicher Weise wieder zu ihnen, bedient sie, bis sie satt geworden sind. Dann – nach dem Essen – könnt ihr sagen: ‚Was steht ihr den ganzen Tag herum? Und sterbt aus Hunger und erleidet selbst viel Leid und wollt und tut so viel Böses an anderen. Ihr werdet darum eure Seelen verlieren, wenn ihr euch nicht bekehrt. Es ist doch besser, dem Herrn zu dienen, und er wird euch in dieser Welt alles geben, was ihr für euren Leib nötig habt. Und zuletzt wird er auch eure Seelen retten.' Und Gott wird aus seinem Erbarmen heraus sie innerlich ansprechen, daß sie sich bekehren wegen eurer Demut und wegen der Liebe, die ihr ihnen erwiesen habt."

Die Brüder standen auf und taten alles, was ihnen der heilige Franziskus gesagt hatte. Und die Räuber, auf die die Barmherzigkeit und Gnade Gottes herabstieg, taten und beobachteten alles Punkt für Punkt, was die Brüder an Bitten vorbrachten. Wegen der Geschwisterlichkeit und der Liebe, welche ihnen die Brüder zeigten, begannen sie, ihnen Holz auf dem Rücken zur Einsiedelei zu bringen. Und wegen dieser Liebe und Geschwisterlichkeit, die sie bei den Brüdern erfuhren, traten die einen in die Brüdergemeinschaft ein, andere versprachen den Brüdern, in Zukunft nichts Böses mehr zu tun, sondern von ihrer Hände Arbeit leben zu wollen, und gingen zur Bußbewegung (zum „Dritten Orden").

Viele Brüder und andere, die davon hörten, waren sehr verwundert darüber. Sie zogen die Heiligkeit des heiligen Franz in Betracht, die Art und Weise, wie er die Bekehrung derer vorausgesagt hatte, die doch so verruchte und böse Menschen waren, und wie plötzlich diese Bekehrung vonstatten ging.

TsP 115

Andere sagen, La Verna käme vom Italischen „Herna", was so viel wie Fels bedeutet. Und Felsen gibt es da zur Genüge. Franziskus muß es gleichzeitig beeindruckend und ungeheuerlich gewesen sein in deren mächtig zerklüfteten Wänden. Es wird sich wohl niemand ihrer Wirkung entziehen können, wie wir noch selber erleben werden.

Ankunft

Wie gesagt, kommt Franziskus zum ersten Mal 1214 auf den Berg, und er wird noch öfter diesen Berg besteigen. 1215, 1217, 1220, 1224 sind die Jahre, von denen wir es wissen.

Er kommt natürlich zu Fuß hierher. Um wenigstens etwas zu erspüren von dem, was in ihm beim Aufstieg vorgegangen sein mag, wählen auch wir einen entsprechenden Weg. Er führt von Chiusi aus einen sanft ansteigenden schönen Weg durch den Wald hinauf (Weghinweise beachten!). Plötzlich steht man vor der „Kapelle der Vögel", die ein Bruder Lucidus 1602 erbaut hat, um an das fröhliche Pfeifkonzert zu erinnern, mit dem Franziskus von den Vögeln empfangen worden sei. Er habe sich deswegen sofort zu Hause gefühlt.

VOGELGEZWITSCHER

Als sie am Fuße des eigentlichen Gipfels ankamen, gefiel es dem heiligen Franziskus, sich ein wenig unter einer Eiche niederzulassen, die am Wege stand und die sich noch heute an dem Platz befindet. Von hier aus betrachtete er die Beschaffenheit des Ortes und der Gegend. Und während er so um sich schaute, da kamen auf einmal sehr viele Vögel verschiedenster Art und zeigten mit ihrem Gezwitscher und ihrem Flügelschlag, welch große Freude sie hatten; und sie umgaben den heiligen Franziskus auf die Art, daß einige sich ihm aufs Haupt, andere auf die Schultern, einige auf die Arme, einige in den Schoß und wieder andere sich ihm zu Füßen setzten. Als seine Begleiter und der Landmann dies sahen und sich wunderten, sagte der heilige Franziskus heiteren Sinnes: „Ich glaube, geliebte Brüder im Herrn, es gefällt unserem Herrn Jesus sehr, daß wir auf diesem einsamen Berg Bleibe beziehen, denn unsere Geschwister, die lieben Vögel, bezeugen uns bei unserer Ankunft so viel Freude." Nach diesen Worten erhob er sich, und sie gingen weiter. Schließlich gelangten sie an den Ort, den seine Gefährten zuvor ausgesucht hatten.

Fioretti: Erste Betrachtung der Stigmata

Heiliger als der Sinai

Selig heiliger Berg,
heiliger noch
als der Sinai,
auf dem Moses die heiligen Gebote Gottes
aufgeschrieben hat.
Denn auf dir
ist dem heiligen Franz
das Licht des Gekreuzigten erschienen
und hat ihm die Stigmata gegeben.

Inschrift an der Kapelle der Vögel

An der Kapelle kann man eine Inschrift lesen, die bereits das Hauptthema, das mit diesem Berg verbunden ist, in den Blick stellt. Noch steht das Wort vom zweiten Golgota nicht da, hingegen wird der Berg La Verna als eine Überbietung des

Sinai gesehen. Man fühlt und ahnt, wie nur die höchsten Vergleiche gut genug sind, um das zu deuten, was hier zum ersten Mal in der Geschichte festzustellen ist: die Stigmatisation des heiligen Franz. In Parallele gesetzt werden Gebote Gottes und die Stigmata, das Aufschreiben durch Mose und die Erscheinung des Gekreuzigten, Buchstaben und Licht, Gott und der Gekreuzigte, Buchstaben und Stigmata, Steintafeln und der verwundete Körper eines Menschen. Ganz offensichtlich wird das jeweils zweite Element als das größere verstanden. Eine andere Inschrift lautet: „Auf der ganzen Welt gibt es keinen heiligeren Berg." Über all dies läßt sich nachdenken, auch wenn man die Gefahren sehen muß, die hinter solchen Vergleichen und Behauptungen stehen.

Weiter oben dann der Eingang zum Klosterbereich und mit ein Gedicht von Dante, der auf seine Weise sagt, was dieser Ort kündet. Das Leben des Franziskus wird besiegelt, das heißt: Es erreicht nicht nur seinen Höhepunkt, sondern auch so etwas wie eine letztgültige Beglaubigung durch Gott selbst.

Auf hartem Felsen

zwischen Tiber und Arno
empfing er von Christus
das letzte Siegel
das seine Glieder trugen
zwei Jahre.
Dante

Das franziskanische Golgata: gezeichnet von den Wunden der Welt

La Verna: Sasso Spico – Der gespaltene Berg

Die Ursprünge

Nun muß man freilich wissen, daß der Klosterbereich die Wirklichkeit verstellt, die Franziskus in den Jahren 1214 bis 1224 antraf. Es war eine wilde Gegend, wie wir sie uns wilder kaum vorstellen können.

Um eine Ahnung davon zu bekommen, steigen wir wohl am besten zuerst zum Sasso Spicco hinunter, zu dem man vom großen Platz aus durch eine steile Stiege gelangt. Ganz unten stehen wir vor einem riesigen Spalt im Felsen. Wenn nicht gerade irgendwelche Leute durch lärmiges Geschwätz die Stille stören, wird sich die Seele aufreißen und bald einmal so zerklüftet sein wie der Fels, vor dem wir stehen. Kein Wunder jedenfalls, daß Franziskus in einer solchen Gegend die Passion der Welt durchleidet. Heute müssen die Felsmassen sogar durch moderne technische Zugriffe zusammengehalten werden, so sehr ist die Erde verwundet, verletzt, bis zum Zerbersten vom Leiden geprägt. Angesichts solcher Klüfte und Spalten offenbart sich wie von selbst der Zustand unserer Erde. Franziskus geht auf, daß das vom Beben kommen müsse, von dem die ganze Erde bei der Kreuzigung Jesu erschüttert worden sei (vgl. Mt 27, 51). Was also ist schon da vom Ewigen – außer dem ewigen Kreuz?

Wenn wir die Stiege wieder hinaufgehen, kommen wir zu einer Kapelle aus dem 15. Jahrhundert, die der Maria Magdalena geweiht ist. Sie steht an der Stelle, wo Franziskus seine erste Zelle hatte, eine Hütte, die, wie man sagt, vom Grafen Orlando selbst für Franziskus gebaut wurde. Der Altarstein soll, wie eine Inschrift behauptet, der Stein sein, auf dem Christus saß, um Franziskus die Zukunft des Ordens vorauszusagen. Er heißt darum auch der „Stein der Verheißungen". Die Inschrift berichtet überdies von einer Art Weiheritual, mit dem Franziskus den Stein geheiligt habe. Alles, was dem Leben Seligkeit und Glück, Lebendigkeit und Schönheit gibt, verwendet er: Wasser und Wein, Milch und Öl. Also doch nicht nur Leiden und Kreuz – das Ewige ist schon da?!

Der Stein der Verheissung

Tisch des seligen Franziskus,
auf dem er wunderbare Erscheinungen hatte.
Er weihte ihn:
Er goß Öl darüber
und sagte: Dies ist Gottes Altar.
Franziskus ließ ihn waschen
mit Wasser, Wein, Milch und Öl.
Er wollte,
daß er duftete,
weil Christus darauf saß.

Inschrift in der Magdalenenkapelle

Die Stigmatisationskapelle

Wenn man weiter nach den Ursprüngen sucht, geht man am besten durch den Gang, den man 1578 gebaut hat, um den Brüdern die Prozession zur Stigmatisationskapelle zu erleichtern. Die Legende erzählt: Jede Nacht besuchten die Brüder nach der Mitternachtsgebetsstunde den Ort, an dem Franziskus die Wundmale bekam. Wegen der Schneemassen und eines Sturms mußten sie es einmal unterlassen. Doch da sammelten sich die Vögel und die Tiere des Waldes bei der *Kirche Santa Maria degli Angeli* und zogen zum Ort der Stigmatisation und hinterließen im Schnee ihre Spuren. Wie die Brüder das sahen, waren sie so ergriffen, daß sie einen bedeckten Gang bauten, um die Prozession nie mehr ausfallen

La Verna: Kirche S. Maria degli angeli (1218)

lassen zu müssen. Eine Legende von franziskanischer Schönheit! Übrigens: Die Prozession findet in unseren Tagen jeweils um 15 Uhr statt. Es ist sinnvoll, sich vorher in der Basilika zu versammeln.

Eine andere Legende erzählt, daß Maria einmal mit ihrem Kind in einer großen Buche erschienen sei und die Brüder gesegnet habe, die singend und Gott lobend den Weg zur Stigmatisationskapelle gingen.

Eine dritte Legende erzählt, daß am Fuß dieser Buche eine Quelle entsprungen sei, in deren Wasser Franziskus nach der Stigmatisation seine verwundeten Hände gewaschen habe. Ein Kapellchen erinnert an diese zwei Legenden von der Buche.

Vom Prozessionsgang aus, dessen Fresken zum Teil im 16. Jahrhundert, zum Teil erst in unserem Jahrhundert entstanden sind, führt rechts seitlich eine Türe zum sogenannten „Bett des heiligen Franziskus": einer Höhle, wohin sich Franziskus zur Ruhe zurückzog. Links davon hatte Graf Orlando fünf Zellen gebaut für die Brüder, welche nach dem Tod des heiligen Franz den Ort bewachen sollten. Man kann noch ein Mauerstück davon erkennen.

Rechts am Ende des Ganges eine Kapelle mit einem alten Kreuzbild (15. Jahrhundert), wo die Brüder ihre erste Begräbnisstätte hatten. Eine Tür führt von da aus zu der Einsiedelei, welche die Brüder 1608 erbauten. 1953 wurde sie erneuert, damit sich auch heute Brüder für eine Zeit intensiven Alleinseins zurückziehen können, nach der Regel, die wir in Narni kennengelernt haben.

Die Stigmatisationskapelle wurde, wie eine Inschrift an der linken Seite des Eingangs bestätigt, 1263 von Graf Simone di Battifolle errichtet. In der Mitte des Raumes ist der Ort des Geschehens gekennzeichnet: Eine poetische Inschrift besingt, was eine mehr prosaische feststellt: „Signasti, domine, hic servum tuum Franciscum signis redemptionis nostrae" – „Gezeichnet hast du, Herr, deinen Diener Franziskus mit den Zeichen unserer Erlösung". Das bemerkenswerte Chorgestühl aus Nußbaumholz stammt aus dem Jahre 1531 und zeigt eine Fülle von alten und auch neuen Intarsien. Vorne, hoch aufgerichtet: die Kreuzigung des Andrea della Robbia, hinten über dem Eingang eine Madonna mit Kind von der gleichen Künstlerfamilie, die die Heiligtümer von La Verna prägen.

DER HIMMEL LICHTER STRAHLEN

Coelorum candor splenduit
novum sidus emicuit
sacer Franciscus claruit
cui Seraph hic apparuit
obsignans eum hic charactere
in volis, plantis, latere
dum formam Crucis gerere
vult corde, ore, opere

Der Himmel Lichter strahlen
ein neuer Stern erglänzt
erfüllt vom Licht der heilge Franz
der Seraph hier erschien
und prägte ihn
mit Liebesgluten
in Füßen, Händen, Herzensseite
die Form des Kreuzes will er tragen
im Herzen, Mund und Wirken

Inschrift in der Stigmatisationskapelle

Die Verwundbarkeit eines Menschen

Was an dieser Stelle in Erinnerung gerufen wird, ist die außerordentliche Verwundbarkeit eines Menschen, der sich auf die Perspektive Jesu von Nazaret eingelassen hat. Da gibt es keine Wunde in der Welt, die nicht auch seine eigene wäre, keinen Schmerz, demgegenüber er gleichgültig sein dürfte, kein Leiden, das nicht in seinen Leib eindränge. Der Blick auf den Menschen, der nicht für sich allein lebte, sondern das Heil der ganzen Welt im Sinne hatte, auf Jesus, der sich als der

Mensch-für-andere verstand, machte ihn gleichsam weich wie Wachs. Alles, was ihn berührte, hinterließ seinen Fingerabdruck. Der Gekreuzigte machte ihn sensibel für jedes Leiden.

Ein Leben lang hat Franziskus diese Perspektive verinnerlicht, meditiert, betrachtet, besungen und durchschwiegen. Dazu gab er den Brüdern Anleitung: Sie sollten die Kapuze der Kutte über den Kopf ziehen und die beiden Arme ausstrecken und sich so dem Kreuz annähern. Dazu empfahl er Wiederholungsgebete, zum Beispiel: „Wir beten dich an, Herr Jesus Christus, hier und in allen Kirchen der Welt, weil du durch dein heiliges Kreuz die Welt erlöst hast." Dazu verfaßte er neue Psalmen, ja ein ganzes Brevier, das sogenannte „Passionsoffizium". Darin schaut, verinnerlicht er die Szenen der Leidensgeschichte Jesu. Und jeder Wurm im Staub der Straße, jedes Tier, das zum Metzger geführt, jeder Esel, der geschlagen wird, jeder kranke, verwundete und gefolterte Mensch löst bei ihm das Mitleiden aus. Am intensivsten wohl beschäftigt ihn das Leiden in den Septembertagen 1224. Denn Franziskus kehrt mit den Wunden Jesu am Leib aus der Gottversunkenheit zurück. Ein gekreuzigter Seraph sei ihm erschienen, sagt er, eine Gestalt halb Engel, halb Christus, das Wesen, das so nahe bei Gott steht, daß es nur Feuer und Flamme ist. Wie der Blitz sei der Seraph durch die Handflächen, die Füße und ins Herz gefahren.

Nur ganz wenige auserlesene Brüder erfahren es. Franziskus selbst unternimmt alles, damit es nicht bekannt wird. Erst die Todesanzeige, welche Bruder Elias verfaßt, wird es aller Welt erzählen. Sie enthält eine genaue Beschreibung der Male. Neuerdings wird wieder die These vertreten, Franziskus habe sich die Wunden in einem Liebesrausch selbst beigebracht. Doch gibt es dafür keinerlei Hinweise. Andere meinen, daß es sich um einen „frommen Betrug" handle. Auch das ist aus der Luft gegriffen. Wir stellen auf der anderen Seite fest: Franziskus hat sich 20 Jahre lang vom Leiden der Kreatur und vom Kreuz verwunden lassen. Seine Gebete, vor allem sein Passionsoffizium, sind dafür ein eindrücklicher Beweis. Für den bildhaften und inszenierenden Menschentyp, den Franziskus darstellt, ist es, wie die spätere Geschichte zeigt, fast ein psychisches Gesetz, daß sich eine solche Ein-Bildung des Leidens in der Seele auch wieder aus-bildet und im Leib sichtbar wird. Ein modernes Beispiel ist Padre Pio, der Jahrzehnte lang solche Zeichen an sich trug. Nach seinem Tod sind sie übrigens wieder verschwunden – Zeichen für die seelische Energie, welche hinter der leibhaften Ausbildung der Wundmale steht. Wir dürfen also davon ausgehen, daß die Wunden bei Franziskus echt sind. Schon 1235, also bloße neun Jahre nach dem Tod des Franziskus, wird die Stigmatisation – interessanterweise zusammen mit der Vogelpredigt – in einem Bild dargestellt, das man in Pescia heute noch bewundern kann.

Einer, der dabei war und das Unerhörte sah, wird alsogleich in die tiefste Verzweiflung gestürzt: Bruder Leo, der wegen seiner Nichtigkeit und Bedeutungslosigkeit wieder einmal in das Nichts versinken möchte. Franziskus jedoch ist, wie gesagt, durch die Betrachtung des Gekreuzigten Wachs geworden. Er spürt und sieht und leidet, was in Leo vorgeht. So schreibt er auf ein Blatt den aaronitischen Segen: Auch Leo soll das Antlitz der Liebe Gottes sehen dürfen, soll wissen, daß auch er gezeichnet ist. Das Zeichen „Tau", das Kreuz Jesu, ist auf seine Stirn und in sein Herz gezeichnet. Er ist, im Grunde genommen, auch ein Stigmatisierter. Ganz entschieden setzt Franziskus den Namen Leos an das Ende des Satzes: Gott segne, Bruder Leo, Dich!

AUCH DU BIST GEZEICHNET

;= **Gott segne und behüte Dich
Er zeige Dir Sein Angesicht
und erbarme sich Deiner
Er wende Sein Angesicht Dir zu
und gebe Dir Frieden**

**Gott
segne
Br. Leo, Dich**

Franz von Assisi, Meditationsbild für Bruder Leo

Damit aber noch nicht genug. Bruder Leo wird auf den bildlichen Darstellungen meist ganz unbeteiligt beschrieben: Das Buch in der Hand, versteht er gar nichts! Nur die unmittelbare Begegnung mit Gott macht letztlich betroffen, macht verwundbar für alles Leiden der Welt. Doch Franziskus will Anteil geben an dem, was er erlebt hat. So schreibt er einen ganzen Wasserfall von Gottesbenennungen auf die Rückseite des Meditationsbildes. Bruder Leo soll sie im Rhythmus des Atmens ausstoßen, hin in die unendlichen Räume des Universums oder sie hineinziehen in die unergründlichen Tiefen der Seele. Und so wird er, werden alle, die das Gebet zu beten wagen, La Verna erleben, das Du Gottes im Kern der eigenen Persönlichkeit.

GOTTESBENENNUNGEN

Du bist der Heilige
der Herr
der einzige Gott
Du tust Wunderbares

Du – Starker
Du – Großer
Du – Höchster
Du – allmächtiger König
Du – Heiliger Vater
König des Himmels und der Erde

Du Dreifaltiger und Einer Herr
Gott aller Götter

Du bist das Gute
Das ganz Gute
Das höchst Gute
Herr Gott
Lebendiger und Wahrer

Leidenschaftliche Liebe – Du
Du – zärtliche Liebe

Kostende Weisheit – Du
Du – erdnahe Gegenwart
Du – Kraft im Leiden

Schönheit – Du
Sanftheit – Du
Sicherheit – Du

Du – erfüllte Stille
Du – Wonne
Du – unsere Hoffnung
unsere Freude

Gerechtigkeit – Du
Du – Maßgebender
Du – Summe unserer Reichtümer
Alles, was wir brauchen – Du

Du – Beschützer
Du – Wächter und unser Verteidiger

Stärke – Du
Erfrischung – Du

Du – unsere Hoffnung
Du – unser Glaube
Du – unsere Liebe
Du – unsere ganze Süßigkeit
Du – unser ewiges Leben

Du – Großer und Wunderbarer
Du – Herr
Allmächtiger Gott
Barmherziger Retter
LobGott

Gott im Raum des Irdischen? Das Leiden der Irdischen im Herzen Gottes? Der Weg, der ans Ziel gekommen ist? Die Tradition spricht darum vom mystischen Tod des Franziskus – oder auch von der Lebendigkeit Gottes in seinem Leib. Die Endgültigkeit des Irdischen ist dasselbe wie die Erfüllung der Zeit durch das Göttliche.

Die übrigen Erinnerungen

Was sollen demgegenüber die anderen Kapellen und Denkmäler? Was sollen die Kapellen, welche an Antonius und andere Heilige erinnern? Was der Abgrund, der sich vor einem auftut und in den der Teufel den heiligen Franz stürzen wollte. Am ehesten kann man sich Bonaventuras erinnern, des großen Theologen, der zum Generalminister des Franziskanerordens erwählt wurde. Noch bevor er entscheidende Amtshandlungen tätigte, begab er sich auf den Berg des heiligen Franz, um sich hier in dessen Verwundbarkeit einzufühlen und das Kreuzgeschehen Jesu zu meditieren. Und dann schrieb er das großartige geistliche Werk: Wegbeschreibung des Menschen zu Gott.

Franziskus empfängt die Wundmale (15. Jh.)

Ja, was soll die Basilika, welche 1348 Angelo Tarlati und Johanna di Santa Fiora zu bauen begannen, die aber wegen Erbstreitigkeiten erst 1509 vollendet wurde? Was sollen die Reliquien in der dafür erstellten Seitenkapelle: ein Stück blutdurchtränktes Tuch (aus der Seitenwunde), Tischgeräte aus dem Haushalt des Grafen Orlando, ein Gehstock des Franziskus, ein Gürtel des Grafen von Chiusi?

Und was soll die Kirche „Maria von den Engeln", die schon zu Lebzeiten des heiligen Franz gebaut wurde und bereits 1218 fertig war (1250/60 wird sie vergrößert, 1253 von sieben Bischöfen geweiht)? Was soll das Wappen des Grafen von Chiusi, das draußen am Eingang angebracht ist und wegen seiner schönen Gestalt zu faszinieren vermag? Das Weihwasserbecken mit der Inschrift: „Den Heiligen ist alles heilig, den Weltlichen alles weltlich" – ein Spruch, der gewiß zu bedenken ist? Und was soll all diese Pracht der Steinbilder der Familie della Robbia, an die man sich freilich zuerst gewöhnen muß, ehe man ihre Schönheit entdeckt? Was sollen all diese Kunstwerke und Weisheiten angesichts der letzten Weisheit und der mystischen Erfahrung, die an diesem Ort möglich ist?

Am ehesten noch vermag der wilde Wald und der zerklüftete Fels in dieser Umgebung den Gefühlen gerecht zu werden, welche durch die Auseinandersetzung mit dem mystischen Tod des heiligen Franziskus geweckt werden. – Der Rundweg zur Bergspitze, zur Penna, sei darum auf jeden Fall angeraten (etwa eine Stunde).

Abschied

Am 30. September 1224 verläßt Franziskus den Ort – im Bewußtsein, daß er nie mehr zurückkehren wird. Sein Abschiedsgruß ist erhalten.

Abschied

Zu Gott, Berg La Verna, Berg der Engel!
Zu Gott, Bruder Falke,
ich danke dir
für die Liebe, die du für mich hattest.
Zu Gott, heiliger Fels,
ich werde dich nicht mehr sehen.
Zu Gott, Heilige Maria von den Engeln,
dir empfehle ich meine Söhne,
Mutter des Ewigen Wortes.

Abschiedsgruß des heiligen Franz

Quellen und Literatur

ABKÜRZUNGEN
Cel = Thomas von Celano
TsP = Textsammlung von Perugia (s. Bigaroni)
★ bezeichnen Bücher, in denen wir früher schon Texteinheiten dieses Buches veröffentlicht haben.

Ardito, St.: A piedi nel Lazio (zwei Bände), Subiaco 1993

Bargellini, P./Brun, P.: Le Robbiane della Verna, La Verna 1988

Benazzi, G.: La Cappella delle Reliquie. Una sacrestia cinquentesca nel Duomo di Spoleto, Assisi 1994

Bernet★, E.: Der Mantel des Sterndeuters, Geschichten und Motive zu Weihnachten, Freiburg/Schw. 1993

Bernet★, E.: Im gefällten Baum nistet kein Vogel. Geschichten und Motive zu Ostern, Freiburg/Schw. 1997

Bigaroni, M. (Hg.): Compilatio Assisiensis, Assisi 1993

Bonaventura: Franziskus, Engel des sechsten Siegels, Werl 1992

Bove, G.: Il Francescanesimo nel Lazio. Tradizioni, Memorie, Ricordi, Roma 1994

Cadderi, A.: Fra Angelo da Rieti, Compagno di San Francesco, Frascati 1996

Canonici, L.: Francesco d'Assisi. La sua vita – i suoi scritti – la storia dei suoi compagni – i piu famosi santuari francesani in un presentazione documentata e modernissima riccamente illustrata con le miglior opere d'arte, Assisi o.J.

Die Abtei St. Scholastika Subiaco. Kunstgeschichtlicher Führer, Subiaco 1986

Die Blümlein des Franz von Assisi, München 1988

Ente provinciale per il turismo, La Provincia di Rieti, Rieti 1983

Franz von Assisi, Die Schriften, Werl 1997 (Taschenbuch)
Freeman, G.P.: Franciskaanse Reisgids, Utrecht 1990

Giusti, A.: Gli Alberi Monumentali della Sabina, Rieti 1994

Hennig, Chr.: Latium. Das Land um Rom, Köln 1989

Kurzer Führer durch das Franziskanische Heiligtum Fonte Colombo bei Rieti, Rieti o.J.

Leggio, T.: Castelli, rocche e palazzi baronali in provincia di Rieti, Rieti 1995
Ligori, G.A.: S. Fabiano papa non è S. Flaviano vescovo, Rieti 1987
Lo speco di Narni. Luogo inedito di S. Francesco. Guida turistico-religiosa a colori, Terni 1989

Marcelletti, L.: San Francesco nella valle di Rieti. Esperience di vita Evangelica, Rieti 1994
Merlo, V.: La Foresta come Chiostro. Influsso delle idee cristiane sull'ambiente vegetale, Cinisello Balsamo (Milano) 1997

Pampaloni, G.: Rieti – Francesco nella Valle Santa, Novara 1982 (Neuauflage 1995)
Pietri, P. di: La Pastorale del Turismo con riferimento ai Santuari della Valle Reatina, Rieti 1974

Rieti. La Cattedrale Basilica S. Maria, o.J.
Rotzetter*, A.: Franz von Assisi. Die Demut Gottes, Zürich 1977

Rotzetter*, A.: Franz von Assisi. Erinnerung und Leidenschaft, Freiburg 1989

Rotzetter*, A.: Das Stundengebet des Franz von Assisi. Zum heutigen Beten neu erschlossen, Freiburg 1991

Rotzetter*, A.: Franziskus feiert Weihnachten, Eschbach 1989 (Geschenkheft und Diabuch)

Rotzetter*, A.: Mach's wie Gott, werde Kind. Weihnachten verwirklichen, Freiburg 1993

Rotzetter*, A.: Franz von Assisi – Eine Bildbiographie, Freiburg 1993

S. Benedetto. Vita e miracoli, Subiaco 1991

Sacro Speco – Subiaco. Guida artistica illustrata, Subiaco 1979

Santi, U./Cori, U.: Monteluco di Spoleto. La storia, gli eremi, i sentieri, Spoleto 1996

Schenkluhn, W.: San Francesco in Assisi: ecclesia specialis. Die Vision Papst Gregors IX. von einer Erneuerung der Kirche, Darmstadt 1991

Spoleto, Chiesa di San Pietro. 40 Tavole con didascalie, Spoleto 1989

Sulle orme di San Francesco nella terra reatina. Guida ai santuari della valle santa, Terni 1980 (deutsch: Auf den Spuren des hl. Franziskus im Rietital. Führer zu den Heiligtümern des heiligen Tales, Terni 1980)

Tan, Chiusi della Verna. Guida al Santuario ed al territorio, al patrimonio storico, artistico ed alle sue traditioni, Firenze 1991

Thomas von Celano: Leben und Wunder des heiligen Franziskus von Assisi, Werl 1964

Varro, Marcus Terentius: Gespräche über die Landwirtschaft. Buch 1 und 2 (herausgegeben, übersetzt und erläutert von Dieter Flach), Darmstadt 1996 und 1997

Bildnachweis

Bernhard Auel: S. 16, 24, 36, 39, 42, 50, 70, 80, 107, 112, 128, 135, 140, 149, 152, 155, 208, 210, 222, 224.
Elisabeth Bernet: S. 34, 51, 53, 60, 64, 90, 100, 160, 194, 198, 200, 202, 212, 215, 227, 239.
Aus: Girodana Benazzi (Hg.), La Cappella delle reliquie. Una sacrestia cinquecentesca nek Duomo die Spoleto. Edritice Minerva, Assisi: S. 29
Aus: Geno Pampalomi, Francesca nella Valle Santa di Rieti. Ente Provinciale per il Turismo/Rieti. Istituto Geografico De Agostini, Novara 1995: S. 74, 96, 98, 122, 157, 161, 179, 183, 189.
Aus: Il Sacro Speco e Monasterio di Santa Scolastica – Subiaco. Guida Arstistica per la visita dei Monasteri, hg. v. den Benediktinern von Subiaco 1979: S. 42.
Aus: Rodolfo Cetoloni, Santuario della Verna. Edizioni La Verna: S. 236 (Foto: P. S. Baglioni), 247 (Foto: Bardazzi).
Herder-Bildarchiv: S. 217.

Die besonderen Reisebegleiter

Rolf Kuhlmann
Der Athos
Auf den Spuren einer Faszination
160 Seiten. Paperback
ISBN 3-7820-0783-2

Das Buch führt den Leser in die faszinierende Welt der Mönchsrepublik des Athos ein. Es öffnet den Blick für diese eindrucksvolle Welt der Klöster und Einsiedeleien in Nordgriechenland, die ein ganzes Stück Byzanz und ein Relikt urchristlichen Geistes darstellen. In persönlichen Gesprächen mit den Mönchen, in Erlebnissen und Erfahrungen des Autors spricht sich in authentischer Weise etwas von den Geheimnissen des Athos, seiner Geschichte und bleibenden Faszination aus.

Walter Repges
Assisi – Siena – Montecassino
Unterwegs mit Franziskus und Clara, Katharina und Benedikt
192 Seiten, Paperback
ISBN 3-7820-0765-4

In Mittelitalien lebten, wirkten und hinterließen große Gestalten des christlichen Abendlandes bis in die Gegenwart ihre Spuren: Franz und Clara von Assisi, Katharina von Siena und Benedikt von Nursia. Dieser Reisebegleiter begibt sich auf den inneren Weg zu diesen Persönlichkeiten, um das heutig sichtbare der jeweiligen Stätten verstehen zu können. Repges, ehemaliger Diplomat am päpstlichen Hof, erläutert die spirituellen Hintergründe der Plätze und baulichen Zeugen jener Zeit.

Verlag Josef Knecht Frankfurt/Main

Die besonderen Reisebegleiter

Walter Repges
Nach Spanien reisen, um Gott zu finden
Auf den Spuren der Mystiker
208 Seiten, Paperback
ISBN 3-7820-0747-6

Ein persönlicher Reisebegleiter, der dem Leser auf einer gleichermaßen literarischen wie meditativen Reise Gesellschaft leistet. Er führt durch wunderschöne Landschaften, an denen man mehr über das Leben des Ignatius von Loyola, der Teresa von Avila und des Johannes vom Kreuz erfährt. Mit diesem Reisebegleiter begegnet der Leser auch dem Denken, Empfinden und Handeln dieser glaubwürdigen Menschen, aus deren Lebensfülle er Kraft und Zuversicht schöpfen kann.

Karl Maly
Griechenland
Mythen, Götter und Mönche
243 Seiten, Paperback
ISBN 3-7820-0768-9

Dieser Reiseführer bringt den Reichtum der griechischen Mythologie, die faszinierende Welt der Götter und Helden der Antike zur Sprache und ins Bild. Die unübertroffene Ausdruckskraft antiker Plastiken und Kulturstätten werden dem Leser in ihrer reichhaltigen Bedeutung erschlossen. Ein zweites Spektrum entfaltet sich dann in der Begegnung mit der byzantinischen Welt, ihrer Kunst und ihrem unverwechselbaren Kult. Auf den Spuren des Göttlichen im Quell des Abendlandes – ein religiöser und kultureller Reisebegleiter durch Griechenland.

Verlag Josef Knecht Frankfurt/Main